Logisch! neu

W0303474

Deutsch für Jugendliche

Kursbuch A1.1

von
Stefanie Dengler
Cordula Schurig
Ute Koithan
Theo Scherling
Anna Hila
Michael Koenig

Ernst Klett Sprachen

Stuttgart

Von
Stephanie Dengler, Cordula Schurig, Ute Koithan, Theo Scherling, Anna Hila und Michael Koenig
in Zusammenarbeit mit Daniela Becht und Sarah Fleer
Trainingskapitel von Katja Behrens und Stefanie Dengler

Redaktion:
Cordula Schurig und Angela Kilimann

Koordination:
Sabine Wenkums

Gestaltungskonzept und Layout:
Andrea Pfeifer

Umschlaggestaltung:
Andrea Pfeifer; Cover-Foto: ehrenberg-bilder – Fotolia.com

Zeichnungen:
Anette Kannenberg und Daniela Kohl

Satz und Litho:
Britta Petermeyer, SNOW, München

Verlag und Autoren danken Ulrike Mühling, Boris Dornstädter, Silvana Weber und ihren Schülerinnen und Schülern vom Max-Planck-Gymnasium München Pasing für ihr Engagement und ihre Mitwirkung bei den Fotoaufnahmen.

Logisch! neu – A1 – Materialien	
Kursbuch A1 mit Audios zum Download	605201
Arbeitsbuch A1 mit Audios zum Download	605202
Lehrerhandbuch A1 mit Video-DVD	605207
Intensivtrainer A1	605208
Testheft A1 mit Audio-CD	605209
Digitale Unterrichtssoftware A1	NP00860521001

Logisch! neu – A1 in Teilbänden	
Kursbuch A1.1 mit Audios zum Download	605203
Arbeitsbuch A1.1 mit Audios zum Download	605204
Kursbuch A1.2 mit Audios zum Download	605205
Arbeitsbuch A1.2 mit Audios zum Download	605206

In einigen Ländern ist es nicht erlaubt, in das Kursbuch hineinzuschreiben.
Wir weisen darauf hin, dass die in den Arbeitsanweisungen formulierten Schreibaufforderungen immer auch im separaten Schulheft erledigt werden können.

Audios zum Kursbuch:
Aufnahme und Schnitt: Heinz Graf / Christoph Tampe
Regie: Heinz Graf und Angela Kilimann / Sabine Wenkums
Produktion: Tonstudio Graf, 82178 Puchheim / Plan 1, München
Sprecherinnen und Sprecher: Ulrike Arnold, Vincent Buccarello, Marco Diewald, Sarah Diewald, Clara Gerlach, Emily Gill, Jakob Gutbrod, Jana Kilimann, Maxim Kursakov, Barbara Kretzschmar, Crock Krumbiegel, Detlef Kügow-Klenz, Sebastian Mann, Lars Mannich, Charlotte Mörtl, Sebastian Müller, Maren Rainer, Lorena Rauter, Jakob Riedl, Leon Romano-Brandt, Pia Schröder, Leyla Sperling, Peter Veit, Florian Vogt, Julia Wall, Sabine Wenkums

Audio-Dateien zum Download unter www.klett-sprachen.de/logisch-neu/audiosA1
Audios Kursbuch A1, Kapitel 1–8: Code: logNeu1m&C5

Besuchen Sie uns auch im Internet:
www.klett-sprachen.de/logisch-neu

1. Auflage 1 [7 6 5] | 2023 22 21

Druck und Bindung: DRUCKEREI PLENK GmbH & Co. KG, Berchtesgaden

ISBN 978-3-12-605203-0

So geht's – Logisch!

Hallo, ich heiße Dora.
Ich gebe euch viele gute Tipps zum Deutschlernen.
Hier erkläre ich euch **Logisch!**
Darf ich vorstellen?

Symbole

Hört die Gespräche.

Hört und sprecht mit.

Vergleicht eure Sprache mit Deutsch oder anderen Sprachen – und umgekehrt.

Hier gibt es Anregungen für Projekte.

Hierzu gibt es im Lehrerhandbuch Kopiervorlagen mit Vorschlägen zu fächerübergreifendem Lernen (CLIL).

Hier lernt ihr Schreiben.

Diese Übung im Arbeitsbuch bereitet auf die Prüfung „Fit in Deutsch" oder „Kid" vor.

Film Seht das Video.

Kursbuch und Arbeitsbuch

Zu jeder Aufgabe im Kursbuch gibt es eine Übung im Arbeitsbuch. Zu Aufgabe **1** im Kursbuch macht ihr Übung **1** im Arbeitsbuch. Das ist doch logisch, oder?

Es gibt zwei Trainingskapitel. In jedem Training findet ihr eine Grammatikübersicht. Ihr lernt die Fit-Prüfung kennen und bekommt Tipps. Es gibt Informationen über Deutschland, Österreich und die Schweiz. Oder es gibt ein Spiel oder eine Aufgabe für eure Kreativität und Fantasie. Im Arbeitsbuch gibt es auch zwei Trainingskapitel. Hier könnt ihr Lerntechniken kennenlernen und üben.

Logisch! neu A1.1 – Inhalt

Wir lernen:
sich und andere vorstellen | buchstabieren | Zahlen von 0 bis 20 | nach Telefonnummer und Alter fragen | sich begrüßen und verabschieden
Personalpronomen Singular: *ich, du, er, sie* |
Verben *sein* und *heißen* | W-Fragen

Hallo! Ich heiße ...

1 Hallo! Guten Tag.

1.1 **a** **Hört die Gespräche.**

b **Hört noch einmal und lest mit.**

2 Vornamen

1.2 **a** **Hört und sprecht die Vornamen.**

b **Kennt ihr andere deutsche Namen? Schreibt an die Tafel.**

3 Ich heiße Anna. Wie heißt du?

a Hört und lest das Gespräch. 1.3

● Hallo! Ich heiße Anna. Wie heißt du? ○ Ich heiße Laura.

b Fragt und antwortet in der Klasse.

Ich heiße …
Wie heißt du?

Ich heiße …

ich, du, er, sie …

ich
du
er
sie

c Hört das Gespräch. Lest und übt zu dritt mit euren Namen. 1.4

▶ Hallo! Ich heiße Finn. Und er heißt Jonas.
▷ Hallo Finn! Äh … Entschuldigung … Wie heißt du noch mal?
■ Jonas. Ich heiße Jonas.

Hallo! Ich heiße Dora.

heißen		
Ich	heiß**e**	…
Wie	heiß**t**	du?
Er	heiß**t**	…

4 Wie ist dein Name?

Hört und lest das Gespräch. 1.5

● Mein Name ist Ina Huber.
Ich bin die Deutschlehrerin.
Wie ist dein Name, bitte?
○ Ich heiße Jonas.
● Und wie ist dein Familienname?
○ Löscher.

5 Ich bin Finn. Wer bist du?

a Hört und lest das Gespräch. 1.6

● Ich bin Finn. Wer bist du?
○ Ich bin Laura. Und das ist Hanna. Sie ist meine Freundin.

sein		
Ich	**bin**	…
Wer	**bist**	du?
Er	**ist**	…
Sie	**ist**	…

b Ergänzt das Gespäch im Heft.

▶ Ich … Anna. Wer … du?
▷ Ich … Hanna. Und das … Finn. Er … mein Freund.

c Fragt und antwortet in der Klasse.

Ich bin Fiona.
Wer bist du?
→
Ich bin Markus.
Und das ist Maria.
Sie ist meine Freundin.
→
Ich bin Maria.
Wer bist du?

6 Gespräche in der Klasse

Schreibt zu zweit ein Gespräch. Spielt das Gespräch in der Klasse.

Hallo! • Guten Tag! • Ich bin … • Ich heiße … • Mein Name ist … •
Wer bist du? • Entschuldigung, wie heißt du? • Wie ist dein Vorname/Familienname? •
Das ist … • Er ist … / Sie ist …

s. S. 3

7 Wie bitte?

a Hört das Gespräch. Was passt: Bild A oder Bild B?

1.7

A

B

b Lest und übt das Gespräch zu zweit.

Paul: Aua!
Pia: Entschuldigung!
Paul: Wer ist denn das?
Pia: Das ist Plato, mein Hund.
Paul: Wie bitte? Wie heißt er?
Pia: Plato.
Paul: Wie buchstabiert man das?
Pia: P-L-A-T-O.

8 Das Alphabet

a Hört und sprecht nach.

1.8

A	B	C	D	E	F	G	H	I	J	K	L	M	N	O	P	Q	R	S	T	U	V	W	X	Y	Z
a	b	c	d	e	f	g	h	i	j	k	l	m	n	o	p	q	r	s	t	u	v	w	x	y	z
Ä, ä														Ö, ö				ß		Ü, ü					

b Und euer Alphabet? Was ist anders?

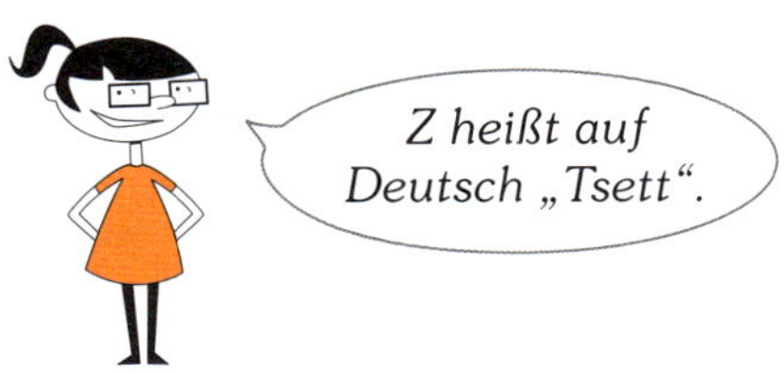

9 Der ABC-Rap

1.9

a Hört und klatscht mit.

b Hört und singt mit.

10 Namen in der Klasse

Buchstabiert. Die anderen raten.

J-U-L-I-...

Julia!

11 Die Zahlen von 0 bis 20

a Hört und lest die Zahlen.

1.10

0 null

1 eins
2 zwei
3 drei
4 vier
5 fünf

6 sechs
7 sieben
8 acht
9 neun
10 zehn

11 elf
12 zwölf
13 dreizehn
14 vierzehn
15 fünfzehn

16 sechzehn
17 siebzehn
18 achtzehn
19 neunzehn
20 zwanzig

b Übt zu zweit.

Eins! … *Zwei! …* *Drei! …* *Vier! …*

12 Fünf ruft Drei

Spielt zusammen im Klassenzimmer.

Maximal 20 Schülerinnen und Schüler sitzen in einem Kreis. • Zählt: Jeder ist eine Zahl. • Ruft die anderen auf.

13 Projekt: Zahlen in der Schule

Sucht die Zahlen von 0 bis 20 in eurer Schule. Macht Fotos.

14 Wie ist deine Telefonnummer?

a Hört das Gespräch. Lest das Gespräch zu zweit.

1.11

Pia: Wie ist deine Telefonnummer?
Paul: 0-1-7-2 …
Pia: 0-1-7-3 …
Paul: Nein! 0-1-7-2!
Pia: … 7-2 …
Paul: Und dann 4-5-8-4-3-5-9-2.
Pia: … 4-5-8-4-3-5-9-2.
Paul: Ja, genau!
Pia: Ich rufe an. Tschüs!

b Übt zu zweit. Diktiert eure Telefonnummern.

W-Fragen

Wie ist deine Telefonnummer?
Wie alt bist du?
Wer ist das?
Wie heißt er?

15 Wie alt bist du?

a Hört das Gespräch. Lest das Gespräch zu zweit.

1.12

Pia: Wie alt bist du, Paul?
Paul: Ich bin 14. Und du?
Pia: Ich bin 13 Jahre alt.

b Übt das Gespräch zu zweit mit euren Namen. Spielt dann in der Klasse.

16 Tag für Tag

1.13

a Seht die Bilder an. Hört die Gespräche.

1

2

3

4

5

6

b Was passt zu welchem Bild? Schreibt ins Heft.

A ● Guten Tag, Kinder. ○ Guten Morgen, Frau Müller!
B ● Auf Wiedersehen, mein Schatz! ○ Tschüs, Mama!
C ● Guten Abend.
D ● Guten Morgen, Pia! ○ Guten Morgen.
E ● Gute Nacht, Papa! ○ …
F ● Hallo, Pia! ○ Hallo, Nadja!

A – 4

1.13

c Hört die Gespräche noch einmal zur Kontrolle.

Kannst du das schon?

sich und andere vorstellen

- Ich heiße Anna.
  Ich bin Laura.
  Mein Name ist Ina Huber. Ich bin die Deutschlehrerin.
- Er heißt Jonas.
  Das ist Finn. Er ist mein Freund.
  Das ist Hanna. Sie ist meine Freundin.
  Das ist Plato, mein Hund.

Personalpronomen Singular

- ich  du 

  er  sie 

buchstabieren

- A B C D E F G H I J K L M N O P Q R S T U V W X Y Z, Ä Ö Ü
  a b c d e f g h i j k l m n o p q r s t u v w x y z, ä ö ü, ß

Zahlen von 0 bis 20

- 0 null

1 eins	6 sechs	11 elf	16 sechzehn
2 zwei	7 sieben	12 zwölf	17 siebzehn
3 drei	8 acht	13 dreizehn	18 achtzehn
4 vier	9 neun	14 vierzehn	19 neunzehn
5 fünf	10 zehn	15 fünfzehn	20 zwanzig

nach Telefonnummer und Alter fragen

- ● Wie ist deine Telefonnummer?
  ○ 0172 45 84 35 92
- ● Wie alt bist du?
  ○ Ich bin 13 Jahre alt.

W-Fragen

- Wer bist du? I Wie heißt du? I
  Wie ist dein Name/Vorname/Familienname?
- Wer ist das? I Wie heißt er?
- Wie buchstabiert man das? I Wie ist deine Telefonnummer? I
  Wie alt bist du?

sich begrüßen und verabschieden

- Hallo! I Guten Morgen. I Guten Tag. I Guten Abend.
- Tschüs. I Auf Wiedersehen. I Gute Nacht.

Wie bitte?
Ja. / Nein. / Genau!

Noch einmal, bitte

sich/andere vorstellen

Wie heißt du?
Wie heißt dein Freund?
Ich heiße … / Mein Name ist …
Das ist …

Personalpronomen Singular

Vier Personen in der Klasse.
Wie heißen sie?
Zeigt auf die Person.

Er heißt …
Du …

buchstabieren

Sagt das Alphabet.
A, B, C …

Zahlen von 0 bis 20

Zählt von 0 bis 20.
Null, eins, zwei, …

Telefonnummer und Alter

Fragt nach.
Wie …? ○ *0163 75 76 34*
Wie …? ○ *14.*

W-Fragen

Stellt Fragen:
● … ○ *Jonas.*
● … ○ *Löscher.*
● … ○ *P-L-A-T-O.*
● … ○ *0176 572 93 86.*

begrüßen/verabschieden

Hallo und tschüs.
Was könnt ihr noch sagen?

Wie bitte?

2

Wir lernen:
Schulsachen | Zahlen bis 100 | über die Schule sprechen
bestimmter Artikel im Nominativ: *der, das, die* | Plural |
Verbformen: *du lernst, du hast …* | Ja-/Nein-Fragen |
Personalpronomen Plural: *sie* | *mein* und *dein*

Lernst du Deutsch?

1 Meine Schulsachen. Wie sagt man das auf Deutsch?

a Wie heißen die Sachen? Sprecht zu zweit.

1.14 **b Welche Wörter aus 1a hört ihr? Zeigt auf das Foto.**

2 Von wem sind die Sachen?

a Die Brille ist von … Was glaubt ihr?

die Brille
das Handy
der Rucksack
der Radiergummi
das Heft

Die Brille ist von …

1.15 **b Hört zur Kontrolle.**

3 Typisch deutsch: *der, das, die*

a Macht eine Tabelle im Heft. Schreibt die Wörter aus Aufgabe 1 in die Tabelle.

der	das	die
Bleistift, ...	Buch, ...	...

b Wie ist das in eurer Sprache? Gibt es der, das, die?

4 Wörter im Plural

a Wie heißt der Singular?

die Bücher

das …

die Bücher • die Lehrerinnen • die CDs • die Rucksäcke • die Computer • die Schüler • die Brillen • die Hefte • die Handys • die Hunde • die Radiergummis • die Bleistifte

b Macht eine Tabelle an der Tafel. Schreibt die Wörter aus 4a in die Tabelle.

Singular	Plural
der Bleistift	die Bleistifte
das Buch	die Bücher
die ...	...

5 Das Buch – die Bücher! Die Bleistifte – der …?

Spielt in der Klasse.

Schreibt für jedes Wort aus 4a zwei Kärtchen: ein Kärtchen für das Wort im Singular (der, das, die …) und ein Kärtchen für das Wort im Plural (die …). • Mischt alle Kärtchen. • Jeder zieht ein Kärtchen. • Welche Kärtchen passen zusammen?

bestimmter Artikel im Nominativ

der Bleistift	**die** Bleistifte
das Buch	**die** Bücher
die Brille	**die** Brillen

6 Nadja und Robbie

1.16

a Hört das Gespräch. Findet Nadja Robbie nett?

Ja.

Nein.

Ich weiß nicht.

b Was antwortet Nadja? Sortiert an der Tafel. Schreibt das Gespräch dann ins Heft.

Nein. • Ja. • Hm, nö. • Ja. • Ja. • Na klar! • Puhhh … 2-7-3-9-4-8.

1. Ist deine Schultasche schwer?
2. Lernst du Englisch?
3. Hast du ein Handy?
4. Wie ist deine Telefonnummer?
5. Magst du Musik?
6. Kennst du Robbie Williams?
7. Kennst du meine Band schon?

c Hört noch einmal zur Kontrolle.

d Schreibt die Verben mit *du* in euer Heft.

du
du lern**st**
du ha**st**
du mag**st**
du kenn**st**

7 Lernst du Deutsch?

1.17

a Hört auf die Satzmelodie.

1. Lernst du Deutsch? ↗ — Du lernst Deutsch. ↘
2. Magst du Musik? ↗ — Du magst Musik. ↘
3. Kennst du Robbie Williams? ↗ — Du kennst Robbie Williams. ↘

1.16

b Hört noch einmal das Gespräch von Nadja und Robbie aus Aufgabe 6a. Wo hört ihr ↗? Steht auf.

8 Viele Fragen

Übt zu zweit.
Lest das Gespräch von Nadja und Robbie (Aufgabe 6b) laut.

Ja-/Nein-Fragen
Ist deine Schultasche schwer? – Nein.
Lernst du Englisch? – Ja.

Ist deine Schultasche schwer?

Lernst …?

…

9 Ist das dein Freund?

1.18

a Seht die Bilder an und hört die Gespräche. Was passt zusammen?

A

B

C

D

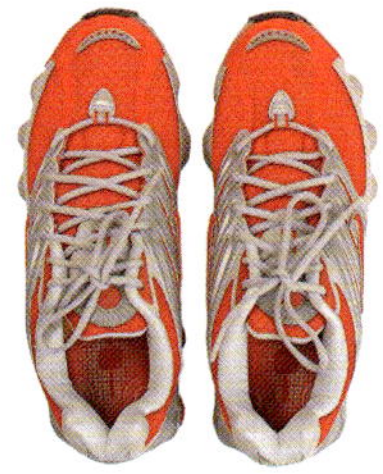

1. ● Wow, wer ist das?
   ○ Das ist meine Deutschlehrerin.
   ● Deine Deutschlehrerin???

2. ● Sind das deine Hunde?
   ○ Meine Hunde? Das sind meine Katzen! Sie heißen Mimi und Mieze.
   ● Deine Katzen? Deine Katzen? Ha, ha, haaa!

3. ○ Sind das deine Schuhe?
   ● Ja, das sind meine Sportschuhe. Cool, was?
   ○ Hmhm. Ja, die sind okay.

4. ○ Ist das dein Freund?
   ● Mein Freund? Quatsch! Das ist … äh … das ist Paul.

b Lest und spielt die Gespräche.

Das ist … / Das sind …

Ist das …? / Sind das …?

sie (Plural)

sie **sind**
sie heiß**en**

10 *Mein* und *dein*, *meine* und *deine*

a Lest die Wörter. Macht dann die Bücher zu. Schreibt alle Wörter an die Tafel.

die Freunde, die Freundin, der Hund, das Handy, die Schultasche, die Lehrerinnen, das Buch, der Bleistift, die Brille, die Schuhe, der Computer, das Heft, die Telefonnummern

mein/dein	
der	**mein/dein** Hund
das	**mein/dein** Handy
die	**meine/deine** Lehrerin
die	**meine/deine** Schuhe

b Schreibt die Wörter von der Tafel auf Kärtchen. Spielt mit den Kärtchen. Die Wörter an der Tafel helfen.

11 Der Zahlen-Rap. Wie heißen die Zahlen von 0 bis 20?

Macht in der Klasse Zahlen-Raps.

12 Die Zahlen von 20 bis 100

21
einundzwanzig

1.19

a Hört die Zahlen und lest mit.

21 33 49 50 56 65 78 87 95 100

b Sortiert die Zahlen und schreibt sie ins Heft wie im Beispiel.

einundzwanzig • fünfundneunzig • hundert • fünfzig •
achtundsiebzig • siebenundachtzig • fünfundsechzig •
dreiunddreißig • sechsundfünfzig • neunundvierzig

21: einundzwanzig,
33: drei...

c Zahlen von 20 bis 100.
Macht eine Tabelle an der Tafel und im Heft.

20 →	zwanzig	70 →	
30 →		80 →	
40 →		90 →	
50 →		100 →	
60 →			

13 Meine Klasse

1.20

a Hört den Text. Wie heißen die Zahlen? Schreibt die Zahlen ins Heft.

1. Ich gehe in die Sokrates-Schule. In die Klasse 🐾.
2. Ich habe 🐾 Stunden Unterricht pro Woche.
3. Ich lerne 🐾 Sprachen: Deutsch und Englisch.
4. Ich habe 🐾 Lehrer und 🐾 Lehrerinnen.

b Lest den Text mit Zahlen.

c Und eure Klasse?
Schreibt einen Text wie in 13a.

Ich gehe in die ... - Schule. Ich gehe in die Klasse ...

14 Projekt: Fantasie-Person

Arbeitet zu zweit. Sucht ein Foto von einer Person im Internet oder in einem Magazin. Was sagt die Person? Macht ein Poster.

Kannst du das schon?

bestimmter Artikel im Nominativ: *der, das, die*
- der Bleistift | der Rucksack | der Radiergummi | der Computer | der Schüler
- das Buch | das Heft | das Handy
- die CD | die Brille | die Schultasche | die Lehrerin

Plural
- die Bleistifte | die Rucksäcke | die Radiergummis | die Computer | die Schüler | die Bücher | die Hefte | die Handys | die CDs | die Brillen | die Schultaschen | die Lehrerinnen

Ja-/Nein-Fragen
- ● Lernst du Englisch? ○ Ja.
  ● Hast du ein Handy? ○ Ja.
  ● Magst du Musik? ○ Ja.
  ● Kennst du meine Band schon? ○ Nein.
- ● Sind das deine Hunde?
  ○ Nein, das sind meine Katzen. Sie heißen Mimi und Mieze.

mein* und *dein
- mein Hund, mein Handy, meine Klasse, meine Schuhe
- dein Hund, dein Handy, deine Klasse, deine Schuhe

Zahlen bis 100
- 20 zwanzig, 21 einundzwanzig, 22 zweiundzwanzig, 23 dreiundzwanzig, 24 vierundzwanzig, 25 fünfundzwanzig, 26 sechsundzwanzig, 27 siebenundzwanzig, 28 achtundzwanzig, 29 neunundzwanzig
- 30 dreißig, 31 einunddreißig …
- 40 vierzig, 50 fünfzig, 60 sechzig, 70 siebzig, 80 achtzig, 90 neunzig, 100 (ein)hundert

über die Schule sprechen
- Ich gehe in die … -Schule, … in die Klasse …
  Ich habe … Stunden Unterricht pro Woche …
  Ich lerne … Sprachen: … und …
  Ich habe … Lehrerinnen und … Lehrer.

Nö. | Puh! | Na klar!
Wow! | … äh … | Quatsch!
Du bist dran.

Noch einmal, bitte

der, das, die
Nennt möglichst viele Schulsachen mit Artikel.

Plural
Wie heißt der Plural?

Ja-/Nein-Fragen
Stellt viele Fragen.
… Englisch?
… Handy?
… Musik?
… meine Band?
… deine Hunde?
…

mein* und *dein
Nennt drei Beispiele.

Zahlen bis 100
Zählt von 20 bis 100.

über die Schule sprechen
Macht Sätze.
… -Schule, … in die Klasse …, … Stunden Unterricht pro Woche, … Sprachen, … Lehrerinnen und … Lehrer

3

Wir lernen:
Länder | Kontinente | über die Herkunft sprechen
Woher? – *aus* | Verb *kommen* | unbestimmter Artikel im Nominativ: *ein, eine* | Verneinung mit *kein, keine* | Wo? – *in*

Ich komme aus ...

1 Länder und Kontinente

1.21

a Hört die Ländernamen. Sprecht nach. Wie heißen die Länder in euren Sprachen?

Japan • Deutschland • Brasilien • die Ukraine • Finnland • Kenia • Italien • die USA • Polen • die Türkei • Australien • Spanien • Österreich • Portugal • die Schweiz • Bulgarien

*Achtung: **die** Schweiz, **die** Türkei, **die** USA!*

1.22

b Hört die Gespräche. Welche Länder und Kontinente hört ihr? Ergänzt die Tabelle an der Tafel.

Amerika	Europa	Afrika	Asien	Australien
			die Türkei	

c Quiz: Wo liegen die Länder aus 1a? Sprecht in der Klasse und ergänzt die Tabelle.

d Kennt ihr noch mehr Länder? Sammelt in der Klasse.

Japan liegt in Asien.

e Länderkennzeichen: Fragt in der Klasse und ratet.

A | BG | BR | CH | D | E | I | J | P | TR | UA

Was ist TR?

Die Türkei.

2 Woher?

Ratet und lest die Antworten laut vor.

1

2

Woher? – aus
aus Deutschland, **aus** Österreich **aus der** Schweiz, **aus der** Türkei **aus den** USA

3

4

5

6

1. Die Uhren kommen
2. Die Schuhe kommen
3. Wolfgang Amadeus Mozart kommt
4. Die Schokolade kommt
5. Die Sachertorte kommt
6. Die Autos kommen

A aus Deutschland.
B aus Österreich.
C aus der Schweiz.

1C, 2A, 3B, 4C, 5B, 6A

3 Woher kommt …? Woher kommen …?

Übt zu zweit.

1. J	das Handy	5. I	das Auto
2. TR	die Schuhe	6. USA	der Computer
3. CH	die Uhr	7. D	die Bücher
4. A	der Radiergummi	8. P	die Brille

Woher kommt das Handy?

Aus Japan. Woher kommen die Schuhe?

Aus …

kommen		
ich	Ich	komm**e** aus …
du	Woher	komm**st** du?
er/es/sie	Woher	komm**t** das Handy?
sie (Plur.)	Die Schuhe	komm**en** aus …

4 Woher kommst du?

Übt in der Klasse.

Jeder schreibt ein Land auf ein Kärtchen. ● Tauscht die Kärtchen. ● Alle gehen in der Klasse herum und fragen die anderen.

5 Projekt: Quiz „Woher kommt ...?"

**Arbeitet in Gruppen.
Sucht Fotos von berühmten Personen und macht ein Quiz.
Die anderen raten.**

Woher kommt ...

Wolfgang Amadeus Mozart?

A aus Österreich

B aus der Schweiz

C aus Deutschland

6 Was ist das?

Sprecht in der Klasse.

1

Nummer 1 ist ein Fahrrad.

2

3

4
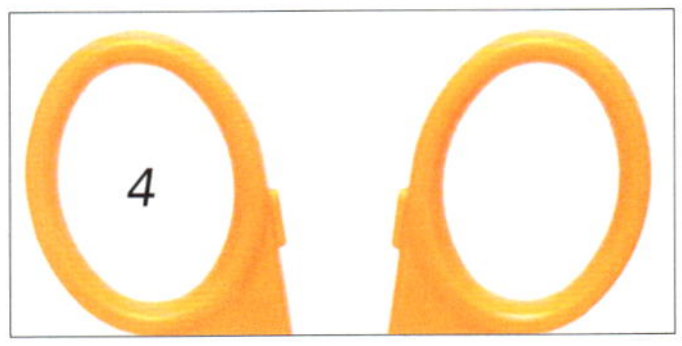

5
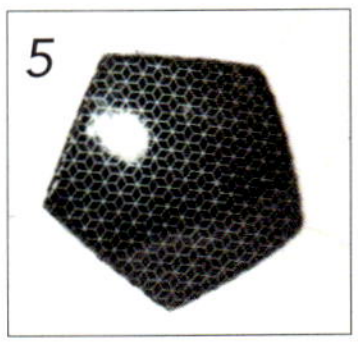

6

7

8

1. Ist das ein Fahrrad oder ein Auto?
2. Ist das ein Hund oder eine Katze?
3. Ist das ein Handy oder ein Fotoapparat?
4. Ist das eine Brille oder eine Schere?
5. Ist das ein Fußball oder ein Tennisball?
6. Ist das eine Flasche oder ein Glas?
7. Sind das CDs oder Pizzas?
8. Sind das Tennisschuhe oder Fußballschuhe?

ein/eine

der	Hund	→	**ein**	Hund
das	Auto	→	**ein**	Auto
die	Flasche	→	**eine**	Flasche
die	Schuhe	→		Schuhe

7 Das Fahrrad – ein Fahrrad

a Macht eine Tabelle an der Tafel und sortiert die Wörter. Ergänzt *ein/eine*.

die Lehrerin • der Computer • das Heft • die Schüler • der Radiergummi • die Uhr • der Fotoapparat • die Gläser • die Flaschen • die Fahrräder • die Schere • die Fußbälle

der	*das*	*die*	*Plural*
ein Computer	*ein Heft*	*eine Lehrerin*	*Schüler*
...	...	...	...

b Übt mit Gegenständen im Klassenzimmer.

Eine Schere.

Eine Schere, ein Ball.

Eine Schere, ein Ball, ein Bleistift.

Eine Schere, ein Ball, ein Bleistift, eine ...

8 Pia am Flughafen

Was bedeuten die Schilder? Ein Satz bleibt übrig.

Keine Fotoapparate! • Keine Handys! • Keine Flaschen! • Keine Hunde! • Kein Problem! • Keine Scheren!

Schild 1: Keine Scheren!
Schild 2:

9 Was ist in der Tasche von Pia? Was ist nicht drin?

Was seht ihr? Macht eine Liste an der Tafel.

der Fotoapparat • der Tennisball • die Flasche • der Hund • die Uhr • die Schere • das Handy • das Buch • die Stifte • die Schuhe

kein/keine

der	**ein**	Hund	→	**kein**	Hund
das	**ein**	Handy	→	**kein**	Handy
die	**eine**	Flasche	→	**keine**	Flasche
die		Hunde	→	**keine**	Hunde

+	−
ein Tennisball	*kein Fotoapparat*
eine	*keine*

Da ist ein Tennisball drin! Da sind …

Da ist kein Fotoapparat drin.

10 Das ist doch kein Handy!

1.23

Stimmt das? Hört gut zu.

1. Das ist ein Handy.
2. Das ist ein Fotoapparat.
3. Das ist eine Uhr.
4. Das ist eine Flasche.
5. Das ist ein Fußball.
6. Das ist eine CD.

Das ist ein Handy.

Nein, das ist doch kein Handy. Das ist ein Hund.

11 Ein Chat

a Lest den Chat. Sind die Sätze 1 bis 3 richtig oder falsch?

1. Toshiba kommt aus Japan.
2. Akimi wohnt in Zürich.
3. Toshiba geht in die 7b.

Satz 1 ist …

Toshiba: Hallo, bist du neu hier?
Akimi: Ja, ich bin neu. „Toshiba" – cooler Name ;-) Wo wohnst du? In Japan?
Toshiba: Nein, ich wohne in der Schweiz.
Akimi: Wo in der Schweiz?
Toshiba: In Zürich.
Akimi: Echt?! Ich wohne auch in Zürich. Wie heißt deine Schule?
Toshiba: Albert-Einstein-Gymnasium. Ich gehe in die Klasse 7b.
Akimi: Du auch?! Philipp, bist du das??? Ich bin Nicoletta!
Toshiba: Wow. Hallo Nicoletta!

b Lest den Text zu zweit.

12 Wo wohnst du?

Land und Stadt. Was passt zusammen? Ordnet zu und spielt das Gespräch zu zweit.

- ● Wo wohnst du?
- ○ Ich wohne in der Schweiz.
- ● Wo in der Schweiz?
- ○ In Bern.

1. die Schweiz	A Bern
2. Österreich	B Istanbul
3. Deutschland	C Hamburg
4. die Türkei	D Madrid
5. Spanien	E Salzburg

Wo? – in

- ● **Wo** wohnst du?
- ○ Ich wohne **in** Zürich.
  Ich wohne **in der** Schweiz.

13 Wer sind Akimi und Toshiba?

1.24

Hört zu. Wie heißen die Antworten? Schreibt ins Heft.

Poststraße 8
Philipp
13
Merkurstraße 27
Zürich

Chatname Toshiba: Er heißt …

Wie heißt er/sie?
Wo wohnt er/sie?
Wie alt ist er/sie?
Woher kommt er/sie?
Wie ist die Adresse?

Zürich
Griechenland
Schweiz
14
Nicoletta

14 *f* oder *w*?

1.25

Hört ihr *f* oder *w*? Schreibt die Wörter an die Tafel in eine Tabelle. Sprecht dann nach.

Woche • Finnland • Familienname • wohnen • wo • Flasche • fünf • fragen • Freund • Wolfgang • wie • Fahrrad • wer

Finnland, …

Woche, …

Kannst du das schon?

Länder
- Deutschland | Österreich | Finnland | Italien | Spanien | Portugal | Polen | Bulgarien | Kenia | Japan | Brasilien
- **die** Schweiz | **die** Türkei | **die** Ukraine | **die** USA

Kontinente
- Afrika | Amerika | Asien | Australien | Amerika

Woher? – *aus*
- ● Woher kommst du? ○ Ich komme aus Italien.
- ● Woher kommt das Handy? ○ Aus den USA.
- ● Woher kommen die Uhren? ○ Aus der Schweiz.

unbestimmter Artikel im Nominativ: *ein, eine*
- der Hund → ein Hund
- das Auto → ein Auto
- die Uhr → eine Uhr
- die Schuhe → Schuhe

Verneinung mit *kein, keine*
- ein Hund → kein Hund
- ein Auto → kein Auto
- eine Uhr → keine Uhr
- Schuhe → keine Schuhe

Wo? – *in*
- ● Wo wohnst du? ○ Ich wohne in der Schweiz.
  ● Wo in der Schweiz? ○ In Zürich.
- ● Wo wohnst du? ○ In den USA. / In Italien. / In Portugal.
- ● Wo liegt die Türkei? ○ In Asien und in Europa.

Kein Problem!
Das ist doch kein Handy!
● Ich wohne auch in Zürich. ○ Echt?!

Noch einmal, bitte

Länder
Nennt möglichst viele Länder.

(D) (A) (CH)
(TR) (I) (P) (E)

Kontinente
Wie heißen die fünf Kontinente?

Woher? – *aus*
Stellt Fragen und antwortet.
● *... du?* ○ *Ich ...*
● *... Computer?* ○ *... Japan.*
● *... Bücher?*
○ *... Deutschland.*

ein, eine
Was ist das?
Das ist eine ... / Das sind ...

kein, keine
Ist das ein/eine ...?
Das ist/sind kein/keine ...
Das ist/sind ...

Wo? – *in*
Spielt Gespräche.
Türkei – Ankara
Portugal – Lissabon
Japan – Tokio
● *Wo wohnst du?*
○ *Ich wohne in der Türkei.*
● *Wo ...*

Echt?!

4 Wer bist du?

Wir lernen:
Berufe | Steckbriefe lesen und schreiben | Aktivitäten in der Freizeit | ein Interview verstehen und führen | Deutsch im Unterricht
Verneinung mit *nicht* | Modalverb *können* | Personalpronomen *Sie* und Plural: *wir, ihr*

1 Wer ist denn das?

a Früher – heute: Ordnet zu.

Alter: 12

Brigitte Vogelmann, Deutschland.
Heute: Sekretärin

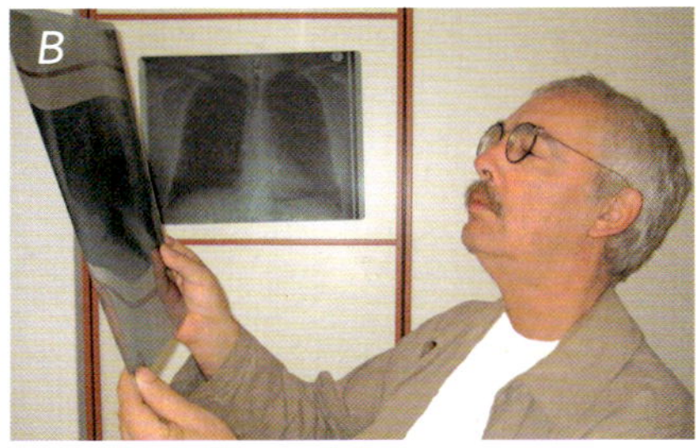

Johannes Bauer, Schweiz.
Heute: Arzt

Alter: 6

Alter: 14

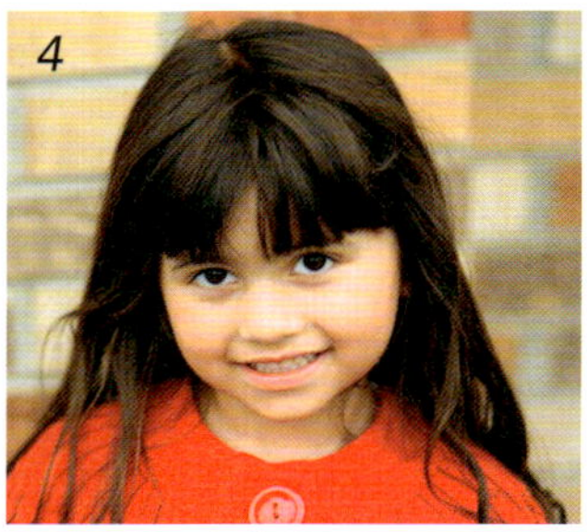

Alter: 6

Kai Hübner, Österreich.
Heute: Lehrer

Sonja Stellfeld, Österreich.
Heute: Sportlerin

Foto 1 und Foto C passen zusammen.

1.26
b Hört die Personen. Kontrolliert dann eure Lösungen.

2 Wie? Woher? Was?

Lest die Informationen zu den Personen.
Stellt Fragen und antwortet in der Klasse.

Wie heißt die Person auf Foto A?	Er/Sie heißt …
Woher kommt …?	Sonja Stellfeld kommt aus …
Was arbeitet …?	… ist … von Beruf.

Berufe mit -in

der Lehrer
der Arzt

die Lehrer**in**
die **Ä**rzt**in**

3 Steckbriefe

a Lest den Steckbrief und ergänzt die Informationen an der Tafel.

Name: Kai Hübner

Alter: 34 Jahre

Adresse: Riedgasse 67, 6020 Innsbruck, Österreich

Telefonnummer: 0512/556 89 71

Beruf: Lehrer

Ich heiße ...
Ich bin ... Jahre alt.
Meine Adresse ist ...
Ich komme aus ...
Meine Telefonnummer ist ...
Ich bin ... von Beruf.

b Wer bist du? Schreibt eure Steckbriefe.

Name – Alter – Adresse – Telefonnummer

c Hängt eure Steckbriefe im Klassenzimmer auf. Stellt euch in der Klasse vor.

4 Alles falsch!

a Wer bist du nicht? Übt zu zweit.

Ich heiße nicht Kai Hübner. Ich bin nicht … Jahre alt.
Meine Adresse ist nicht …

nicht
Ich heiße **nicht** …
Ich bin **nicht** …
Meine Adresse ist **nicht** …

b Name, Land, Alter.
Erfindet Personen und schreibt Mini-Steckbriefe.

c Fragt und antwortet wie im Beispiel. Tauscht dann die Mini-Steckbriefe und fragt andere Personen.

Name: Maria
Land: Schweiz
Alter: 16

5 Aktivitäten in der Freizeit

Was passt zu welchem Bild?

Fußball spielen • singen • Fahrrad fahren • im Internet surfen • kochen • Gitarre spielen • tanzen • schwimmen

6 Wer kann was?

1.27

a Hört zu. Was ist richtig?

Paul Kunze, 14 Jahre

Er kann …
A tanzen.
B Fußball spielen.
C kochen.

Paul kann Fußball spielen.

Kolja Wagner, 13 Jahre

Er kann …
A Fußball spielen.
B im Internet surfen.
C Fahrrad fahren.

Kolja kann …

Nadja Schmidt, 13 Jahre und Jannik Schmidt, 5 Jahre

Sie können …
A schwimmen.
B Gitarre spielen.
C singen.

Nadja und Jannik können …

b Wer kann nicht …? Findet weitere Beispiele.

Jannik kann nicht schwimmen.

Paul kann nicht …

können: er/sie, sie (Plural)			
Er/Sie	**kann**	(nicht)	singen.
Er/Sie	**kann**	(nicht)	schwimmen.
Sie	**können**	(nicht)	tanzen.

7 Was kannst du? Was kannst du nicht?

Sprecht zu zweit. Die Verben aus Aufgabe 5 helfen.

Ich kann Fußball spielen. Und was kannst du?

Ich kann singen. Kannst du singen?

Ich kann nicht singen. Ich kann …

können: ich, du			
Ich	**kann**		kochen.
Ich	**kann**	nicht	singen.
Was	**kannst**	du?	
	Kannst	du	kochen?

8 Der neue Lehrer: ein Interview

a Lest die Fragen. Versteht ihr alles?

1. Wie heißen Sie?
2. Woher kommen Sie?
3. Wo wohnen Sie?
4. Wie alt sind Sie?
5. Sind Sie verheiratet?
6. Haben Sie Kinder?
7. Können Sie Gitarre spielen?

Kai Hübner

Sie

Wie heiß**en Sie**?
Sind Sie verheiratet?
Könn**en Sie** Gitarre spielen?

1.28

b Was antwortet Kai Hübner? Hört das Interview zweimal. Beantwortet dann die Interviewfragen in der Klasse.

● Entschuldigen Sie, bitte.	○ Ja, bitte.
● Wir haben ein paar Fragen.	○ Ja, gern.
● Wie heißen Sie?	○ Ich heiße …
● Woher …?	○ Ich komme aus …
● Wo …?	○ Ich wohne …
● Und wie alt …?	○ Ich bin …
● Sind Sie …?	○ Ja, ich bin … / Nein, ich bin nicht …
● Haben Sie …?	○ Ja, ich habe … Kinder. / Nein, ich habe keine Kinder.
● Können Sie …?	○ Ja, ich kann … / Nein, ich kann nicht …
● Danke.	○ Bitte. Und wie heißt ihr?

c Spielt Dialoge wie im Beispiel.

d Wie ist das in euren Sprachen? Gibt es eine Anrede wie *Sie*?

9 Informationen

a Sammelt Fragen an der Tafel.

Kannst du …? *Wie alt bist du?* *Hast du …?*

b Pst! Sagt nicht euren Namen!

Schreibt einen Steckbrief über euch wie in Aufgabe 4b. Schreibt auch: Ich kann … ● Sammelt dann alle Steckbriefe ein. ● Jeder zieht einen Steckbrief. ● Dein Partner / Deine Partnerin fragt. Du antwortest. ● Sag nicht den Namen. Dein Partner muss raten: Welcher Name steht auf deinem Steckbrief?

10 Projekt: Freunde-Buch

Macht ein Freunde-Buch für die Klasse.

Sammelt in der Klasse Fragen an der Tafel. ● Jede/r wählt sechs Fragen und beantwortet sie auf einem Blatt. ● Gestaltet das Blatt. ● Sammelt alle Blätter im Freunde-Buch.

11 *st* und *scht*

Hört ihr *st* oder *scht*? Schreibt die Wörter in eine Tabelle an die Tafel.

1.29

Ste**ck**brief • Was kann**st** du? • Ö**st**erreich • du bi**st** … • **St**raße • das i**st** … • Blei**st**ift • **St**adt • buch**st**abieren • Au**st**ralien • Wie hei**ßt** du?

st	*scht*
Was kannst du?	*Steckbrief*
…	…

12 Unser Deutschunterricht

1.30

a Hört zu und rappt mit.

1. Lieder – Lieder – Lieder … Wir singen Lieder.
2. Texte – Texte – Texte … Wir lesen Texte.
3. Wörter – Wörter – Wörter … Wir lernen Wörter.
4. Sätze – Sätze – Sätze … Wir schreiben Sätze.
5. Gespräche – Gespräche – Gespräche … Wir spielen Gespräche.
6. Spaß – Spaß – Spaß … Wir haben Spaß.
7. Lustig – lustig – lustig … Wir sind lustig!

b Lest die Fragen und fragt weiter.

1. Und ihr? Singt ihr auch Lieder?
2. Lest ihr auch Texte?
3. Lernt …

wir	**ihr**
Wir sing**en**.	Sing**t** ihr auch?
Wir les**en**.	Les**t** ihr auch?
Wir **sind** lustig.	**Seid** ihr auch …?
Wir könn**en** …	Könn**t** ihr auch …?

13 Im Klassenzimmer

1.31

a Deutsch im Unterricht. Hört und lest die Sätze. Was sagt die Lehrerin? Was sagen die Schüler?

b Schreibt ein Plakat für Lehrer und ein Plakat für Schüler. Ergänzt neue Sätze. Hängt die Plakate auf. Sie helfen beim Sprechen in der Klasse.

Kannst du das schon?

Berufe
– der Lehrer, die Lehrerin | der Sportler, die Sportlerin | der Sekretär, die Sekretärin | der Arzt, die Ärztin

Steckbriefe lesen und schreiben
– **Name:** Kai Hübner | Ich heiße Kai Hübner.
Alter: 34 Jahre | Ich bin 34 Jahre alt.
Adresse: Riedgasse 67. | Meine Adresse ist …
Telefonnummer: 0512 556 89 71 | Meine Telefonnummer ist …
Beruf: Lehrer | Ich bin Lehrer von Beruf.

Verneinung mit *nicht*
● Heißt du Anton? ○ Nein, ich heiße nicht Anton.
● Kommst du aus Polen? ○ Nein, ich komme nicht aus Polen.
● Bist du 17? ○ Ich bin nicht 17.

Aktivitäten in der Freizeit
– Fußball spielen | Fahrrad fahren | im Internet surfen | Gitarre spielen | singen | kochen | tanzen | schwimmen

– Ich kann schwimmen.
– ● Kannst du kochen? ○ Ja, ich kann kochen.
– Nadja kann schwimmen. Jannik kann nicht schwimmen.
– Sie können singen. Sie können nicht Gitarre spielen.

ein Interview verstehen und führen
– Wie heißen Sie? | Woher kommen Sie? | Wo wohnen Sie? | Wie alt sind Sie? | Sind Sie verheiratet? | Haben Sie Kinder? | Können Sie Gitarre spielen?

Personalpronomen Plural: *wir, ihr*
Wir singen Lieder. Singt ihr auch Lieder?
Wir lesen Texte. Lest ihr auch Texte?
Wir lernen Wörter. Lernt ihr auch Wörter?
Wir schreiben Sätze. Schreibt ihr auch Sätze?
Wir spielen Gespräche. Spielt ihr auch Gespräche?
Wir haben Spaß. Habt ihr auch Spaß?
Wir sind lustig. Seid ihr auch lustig?

Deutsch im Unterricht
– Können Sie das bitte wiederholen? | Kannst du mir den Stift geben? | Das verstehe ich nicht. | Wie heißt das auf Deutsch?
– Habt ihr die Hausaufgaben? | Hausaufgabe ist Aufgabe 2.

● Entschuldigen Sie, bitte. ○ Ja, bitte.
● Wir haben ein paar Fragen. ○ Ja, gern.
● Danke. ○ Bitte.

Noch einmal, bitte

Berufe
Nennt möglichst viele Berufe.

Steckbriefe
Was steht auf eurem Steckbrief?

Verneinung mit *nicht*
Wer bist du nicht?
Fragt und antwortet.

Aktivitäten
Was könnt ihr?
Was könnt ihr nicht?
Was können Nadja und Jannik?
Ich kann …

ein Interview
Stellt Fragen.
Name? Land?
Adresse? Alter? Verheiratet?
Kinder? Können …?

wir, ihr
Was macht ihr im Deutschunterricht?
… singen, … lesen,
… lernen, … schreiben,
… spielen, … haben, … sein

Deutsch im Unterricht
Was sagt ihr im Unterricht?

Grammatikübersicht

Aussagesätze

Position 1	Position 2	
Ich	bin	Paul.
Hanna	kommt	aus der Schweiz.

W-Fragen und Antworten

Position 1	Position 2		Antwort
Wie	heißt	du?	Ich heiße Jonas Löscher.
Wer	ist	das?	Das ist Anna.
Was	ist	das?	Das ist meine Schultasche.
Woher	kommen	die Schuhe?	Die Schuhe kommen aus der Türkei.
Wo	wohnen	Sie?	Ich wohne in Wien, in Österreich.

Ja-/Nein-Fragen und Antworten

Position 1	Position 2		Antwort
Ist	das	dein Buch?	Ja. (Das ist mein Buch.)
Lernst	du	Englisch?	Nein, ich lerne Deutsch.

Sätze und W-Fragen mit *können*

Position 1	Position 2		Satzende
Ich	kann		schwimmen.
Er	kann	nicht	schwimmen.
Was	kannst	du	kochen?

Verben im Präsens

	wohnen	**singen**	**kommen**	**heißen**	**lernen**	**haben**	**sein**	**können**
ich	wohn**e**	sing**e**	komm**e**	heiß**e**	lern**e**	hab**e**	**bin**	**kann**
du	wohn**st**	sing**st**	komm**st**	heiß**t**	lern**st**	ha**st**	**bist**	**kannst**
er/ sie	wohn**t**	sing**t**	komm**t**	heiß**t**	lern**t**	ha**t**	**ist**	**kann**
wir	wohn**en**	sing**en**	komm**en**	heiß**en**	lern**en**	hab**en**	**sind**	könn**en**
ihr	wohn**t**	sing**t**	komm**t**	heiß**t**	lern**t**	hab**t**	**seid**	könn**t**
sie	wohn**en**	sing**en**	komm**en**	heiß**en**	lern**en**	hab**en**	**sind**	könn**en**
Sie	wohn**en**	sing**en**	komm**en**	heiß**en**	lern**en**	hab**en**	**sind**	könn**en**

Film

Artikelwörter im Nominativ:

der, das, die		*ein, eine*		*kein, keine*	
Singular	**Plural**	**Singular**	**Plural**	**Singular**	**Plural**
der Bleistift	**die** Bleistifte	**ein** Bleistift	Bleistifte	**kein** Bleistift	**keine** Bleistifte
das Heft	**die** Hefte	**ein** Heft	Hefte	**kein** Heft	**keine** Hefte
die Schere	**die** Scheren	**eine** Schere	Scheren	**keine** Schere	**keine** Scheren

- Ist das **ein** Hund?
- Ist das **ein** Deutschbuch?
- Ist das **eine** Lehrerin?
- Sind das Hunde?

- Ja, das ist **der** Hund von Pia.
- Nein, das ist **kein** Hund. Das ist eine Katze.
- Ja, das ist **das** Deutschbuch von Paul.
- Nein, das ist **kein** Deutschbuch. Das ist ein Heft.
- Ja, das ist **die** Lehrerin von Paul.
- Nein, das ist **keine** Lehrerin. Das ist eine Schülerin.
- Ja, das sind **die** Hunde von Frau Klose.
- Nein, das sind **keine** Hunde. Das sind Katzen.

Possessivartikel: *mein, meine* *dein, deine*

der Hund (k)**ein Hund**	**mein** Hund	**dein** Hund
das Fahrrad (k)**ein Fahrrad**	**mein** Fahrrad	**dein** Fahrrad
die Gitarre (k)**eine Gitarre**	**meine** Gitarre	**deine** Gitarre
die Schuhe (k)**eine Schuhe**	**meine** Schuhe	**deine** Schuhe

Personalpronomen: *er, es, sie*

der Hund	Das ist Plato. **Er** ist ein Hund.
die Lehrerin	Das ist Frau Müller. **Sie** ist meine Lehrerin.
das Buch	Das ist ein Buch. **Es** ist 100 Jahre alt.
die Schuhe	Das sind meine Schuhe. **Sie** kommen aus Italien.

Präpositionen: *von, aus, in*

von	Ist das der Computer **von Paul**? Nein, das ist der Computer **von Pia**.
aus (Woher?)	Ich komme **aus Österreich**. Nicoletta kommt **aus der Schweiz**.
in (Wo?)	Finn wohnt **in Berlin**, **in Deutschland**. Wohnst du **in der Türkei**?

Tipps für die Prüfung

1 Prüfungsteil Hören: Gespräche

a Lest die Aufgabe aus der Prüfung.

Du hörst **zwei** Gespräche.
Zu jedem Gespräch gibt es Aufgaben.
Kreuze an: richtig oder falsch.
Du hörst jedes Gespräch **zweimal**.

Lies die Sätze 1, 2 und 3.

1	Monika ist dreizehn Jahre alt.	richtig	falsch
2	Monika geht in die Goethe-Schule.	richtig	falsch
3	Die Lehrerin von Monika heißt Frau Paulsen.	richtig	falsch

b Was sollt ihr in der Prüfung machen? Ergänzt die Lücken. Schreibt ins Heft.

- Wir hören ... Gespräche.
- Zu jedem Gespräch gibt es ...
- Wir kreuzen an: ... oder ...
- Wir hören jedes Gespräch ...mal.

Lest in der Prüfung zuerst die Sätze. Hört dann die Gespräche.

1.32 **c Hört das Gespräch und lest mit.**

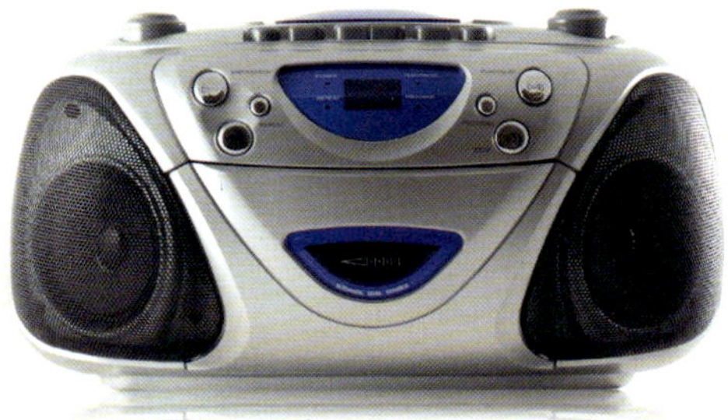

- *Hallo, ich heiße Monika.*
- *Ich bin Sabine. Wie alt bist du?*
- *Ich bin 13 Jahre alt. Und du?*
- *Ich bin 14. Gehst du auch in die Goethe-Schule?*
- *Nein. Ich gehe in die Erich-Kästner-Schule. Meine Lehrerin heißt Frau Paulsen.*

d Lest die Sätze 1, 2 und 3 noch einmal und schreibt die Lösung ins Heft.

1: richtig
2:

e Hört das Gespräch noch einmal. Kontrolliert eure Antworten.

In der Prüfung kreuzt ihr die Lösung an. Kreuzt zuerst mit Bleistift an. Kreuzt beim zweiten Hören mit Kuli an!

2 Prüfungsteil Sprechen: sich vorstellen

a Lest die Aufgabe aus der Prüfung.

Sich vorstellen.

Name?

Alter?

Land?

Wohnort?

Schule?

b Schreibt Stichwörter über euch ins Heft.

Name:	Tina Schmidt
Alter:	12 Jahre
Land:	Deutschland
Wohnort:	...

c Wie sagt ihr es?
Schreibt Sätze ins Heft.

Name:	Tina Schmidt	Ich heiße Tina Schmidt.
Alter:	12 Jahre	Ich bin 12 Jahre alt.
Land:	Deutschland	...
Wohnort:	...	

d Lest eure Sätze vor.

e Stellt euch jetzt vor.
Lest nicht ab!

Man spricht Deutsch: in Deutschland, Österreich und der Schweiz

3 Hör mal!

1.33

a Wo ist das? Notiert im Heft.

1. Nordsee, 2. ...

b Was wisst ihr noch über Deutschland, Österreich oder die Schweiz? Sammelt in der Klasse.

In der Schweiz spricht man auch Französisch.

Mozart kommt aus Österreich.

c Wählt eine Stadt in Deutschland, Österreich oder der Schweiz und sucht Fotos im Internet. Macht eine Collage und präsentiert sie in der Klasse.

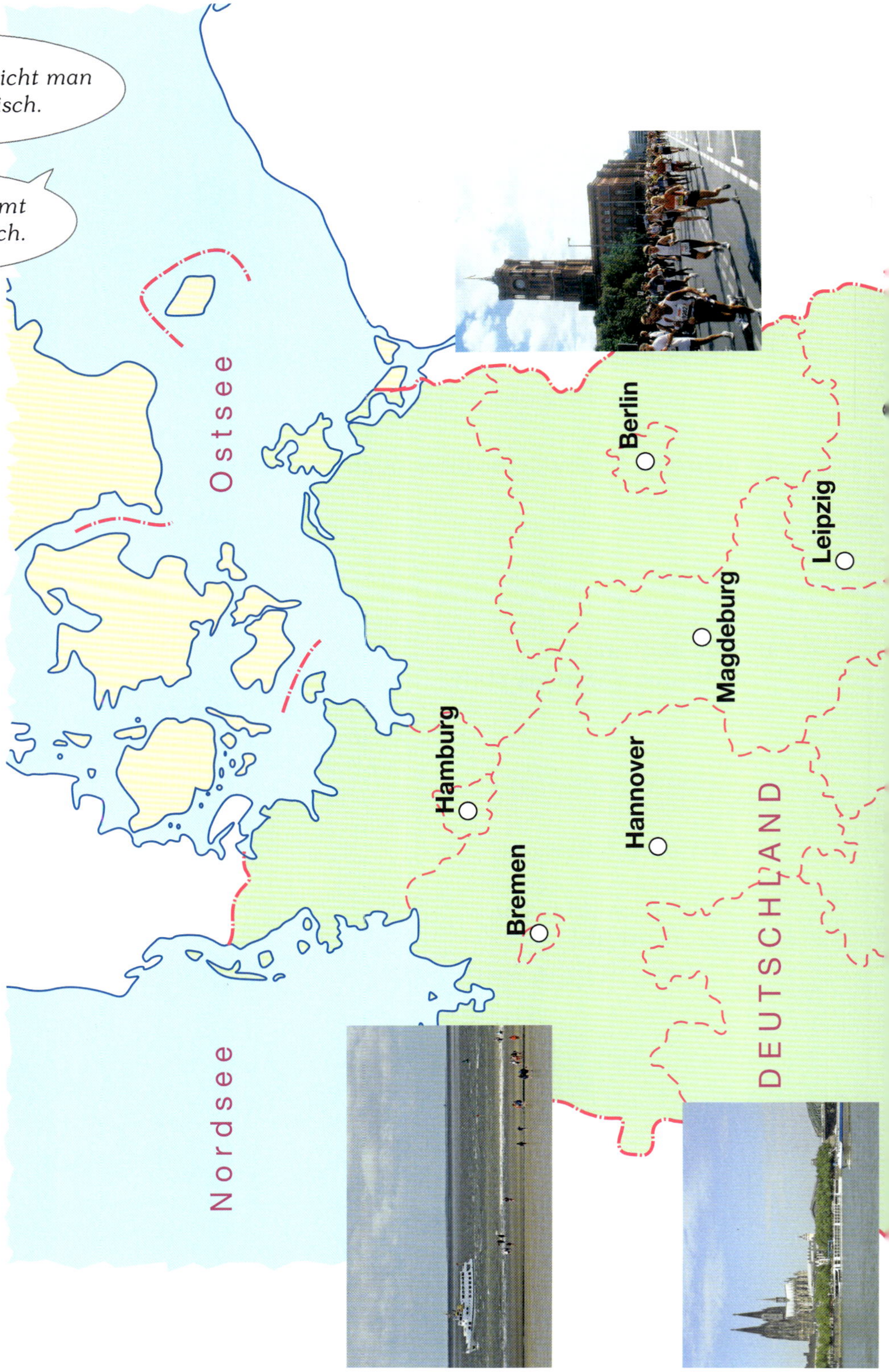

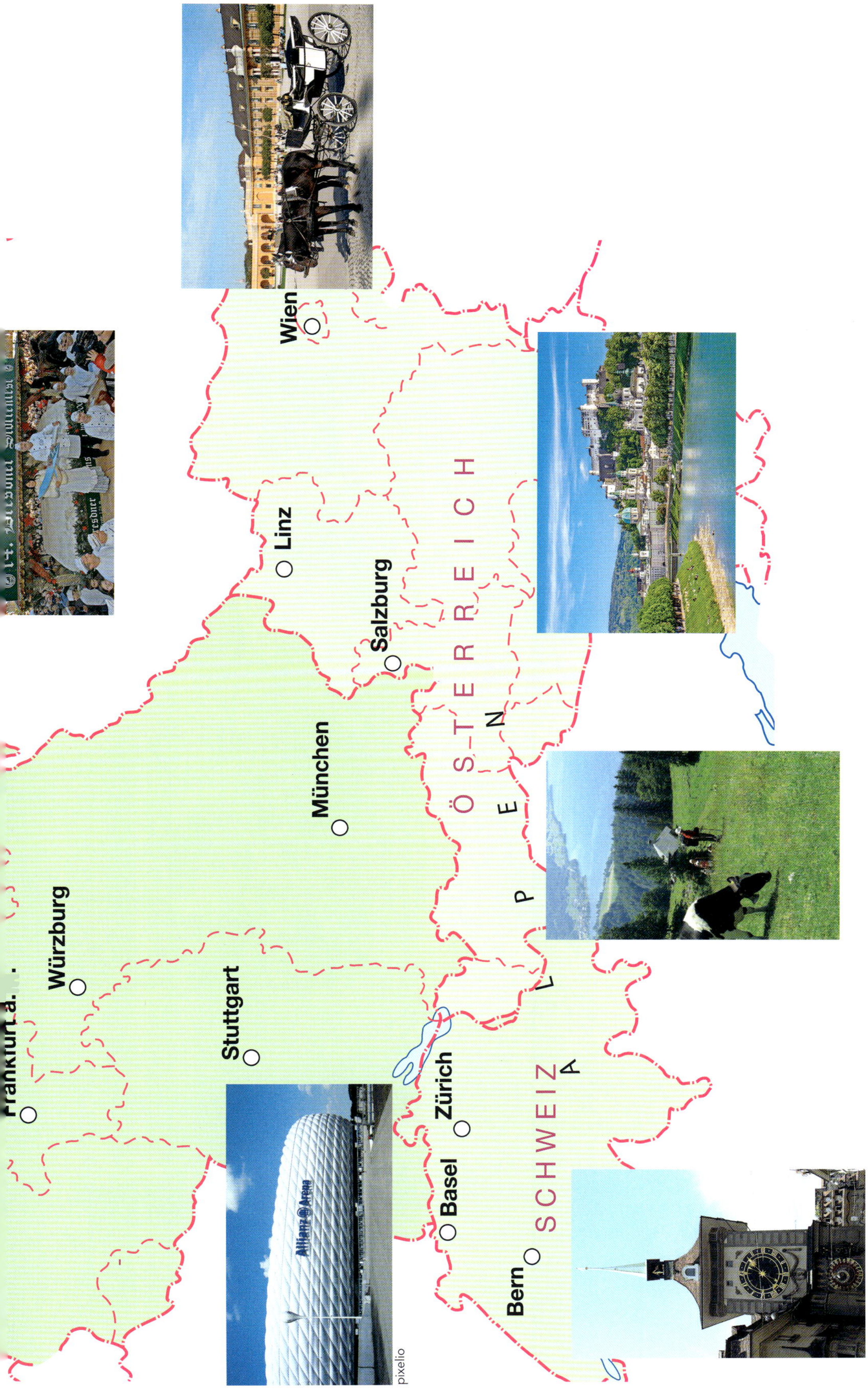
Wien
Linz
Salzburg
München
Würzburg
Frankfurt a.
Stuttgart
Zürich
Basel
Bern
ÖSTERREICH
SCHWEIZ
ALPEN
Allianz Arena
pixelio

5

Wir lernen:
Tageszeiten | Uhrzeiten | über den Tagesablauf sprechen | über einen Traumtag/Horrortag schreiben
Wann? – *am Nachmittag* | Wann ? – *um sieben* | Verb auf Position 2 | trennbare Verben | *zuerst, dann, danach*

Um sieben Uhr …

1 Nadjas Tag

1.34

a Hört die Gespräche 1 bis 5. Was passt zu welchem Bild?

Gespräch 1 passt zu Bild C.

Am Morgen

Am Vormittag

Am Abend

Am Mittag

Am Nachmittag

b Sprecht über die Bilder.

Am Morgen …	kocht Nadja Spaghetti.
Am Vormittag …	macht Nadja Hausaufgaben.
Am Mittag …	ist Nadja in der Schule.
Am Nachmittag …	frühstückt Nadja.
Am Abend …	telefoniert Nadja.

Am Morgen frühstückt Nadja.

Wann? – am

am Morgen
am Vormittag
am Mittag
am Nachmittag
am Abend

2 Wie spät ist es?

a Hört und sprecht nach. 1.35

1. Es ist 7 Uhr.

2. Es ist Viertel nach 7.

3. Es ist 20 nach 7.

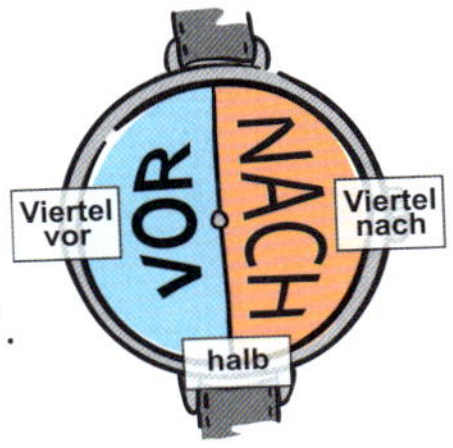

4. Es ist halb 8.

5. Es ist Viertel vor 8.

6. Es ist 10 vor 8.

b Hört die Uhrzeiten. Welche Uhr passt? 1.36

A 

B 

C 

D 

E 

c Übt zu zweit. Zeichnet fünf Uhren mit unterschiedlichen Uhrzeiten. Fragt und antwortet wie im Beispiel.

Wie spät ist es?

Es ist 10 vor 3.

3 Timos Tag

a Wann macht Timo was? Seht die Fotos an und ergänzt die Sätze im Heft.

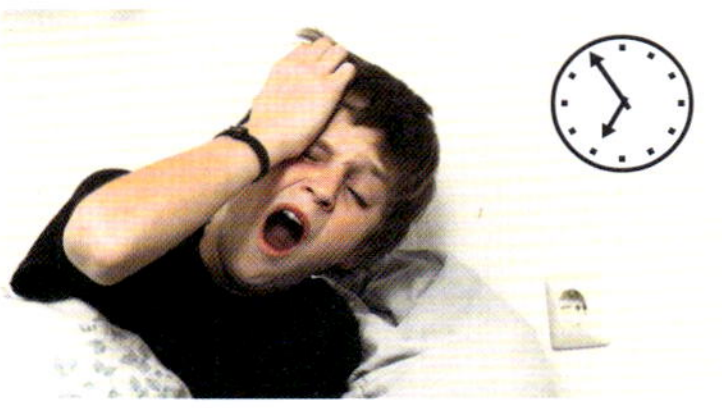

Um *fünf vor sieben* klingelt mein Wecker.

Ich dusche um …

Um … gehe ich in die Schule.

Um … fahre ich Skateboard.

Ich lese um … und dann schlafe ich. Gute Nacht!

Wann? – um

Um Viertel nach sieben.
Um halb acht.

b Was macht ihr wann? Schreibt Sätze mit Uhrzeiten im Heft und sprecht zu zweit.

Ich dusche um …
Um … frühstücke ich.
Ich gehe um … in die Schule.

Ich dusche um halb acht. Und du?

Um sieben. Um halb acht frühstücke ich.

Verb auf Position 2

1	2	
Ich	dusche	um sieben.
Um sieben Uhr	dusche	ich.

4 Ein Horrortag?!

a Lest die Nachricht von Nadjas Mutter. Welches Icon passt wo?

Hallo Nadja! Bitte heute machen:
1. Suppe kochen ☐
2. Hausaufgaben machen ☐
3. Klavier üben ☐
4. Jannik vom Kindergarten abholen ☐
5. im Supermarkt einkaufen ☐
6. Englisch lernen ☐
7. Oma anrufen. ☐

Danke, du bist ein Schatz! ☐
Mama
PS: Am Samstag spät aufstehen! ☐

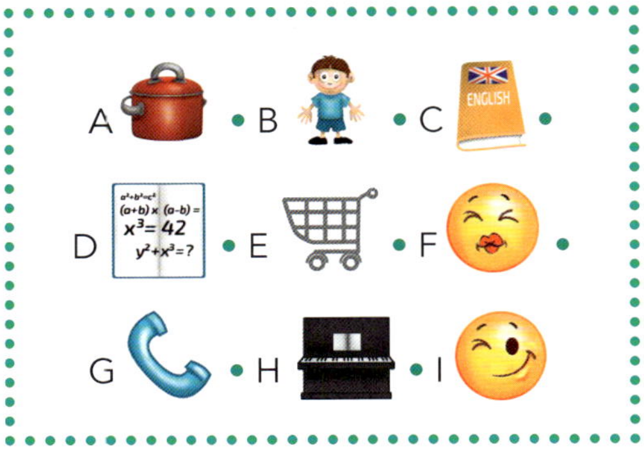

b Lest die Sätze 1 bis 7. Hört das Telefongespräch von Pia und Nadja. Welche Sätze sind falsch? 4a hilft.

1.37

1. Am Mittag koche ich eine Suppe.
2. Dann mache ich Hausaufgaben.
3. Am Abend übe ich Klavier.
4. Um Viertel nach vier hole ich Jannik ab.
5. Am Nachmittag kaufe ich im Supermarkt ein. Jannik nehme ich mit.
6. Am Abend rufe ich Oma an.
7. Um halb acht lerne ich mit Papa Englisch.

Satz 1 stimmt!

Aber Satz …

trennbare Verben

an|rufen → Pia ruft Nadja an.
ab|holen → Ich hole Jannik ab.
ein|kaufen → Ich kaufe ein.

5 Was erzählt Pia?

a Lest und sucht die Fehler. Hört dann 4b zur Kontrolle.

b Was ist falsch? Schreibt die Sätze richtig ins Heft.

Nadja hat keine Zeit. Zuerst kocht sie Suppe, dann macht sie …
Um Viertel nach drei holt sie …

zuerst, …

Zuerst …
Dann …
Danach …

6 Was macht ihr am Nachmittag?

Wählt fünf Verben und übt zu zweit.

kochen • Sport machen • einkaufen • Freunde anrufen • lernen • Klavier üben • singen • im Internet surfen • Fahrrad fahren • eine Freundin / einen Freund abholen • …

Ich lerne Deutsch.

Ich kaufe im Supermarkt ein.

7 Wo ist der Akzent?

1.38

a Hört und schreibt mit.

einkaufen → Ich kaufe ein.

einkaufen, anrufen, … → Akzent auf 1. Silbe!

b Hört noch einmal, markiert wie im Beispiel. Sprecht dann die Sätze.

8 Interviews in der Klasse: Mein Tag

a Wann machst du was? Schreibt Fragen wie im Beispiel.

frühstücken • anrufen • duschen • abholen • einkaufen • aufstehen • schwimmen • Hausaufgaben machen • in die Schule gehen • kochen • üben • Fußball spielen • tanzen • Karten spielen • lernen • …

Wann stehst du auf?
Wann gehst du in die Schule?
Was machst du am Nachmittag?

b Sprecht zu zweit. Notiert die Antworten.

c Stellt euren Partner / eure Partnerin in der Klasse vor.

Max steht um 7 Uhr auf. Um 8 Uhr geht er in die Schule. Am Nachmittag …

9 Die Minute zählt

a Seht euch die Uhrzeiten im Kasten an. Wie spricht man die Uhrzeiten inoffiziell? Aufgabe 2 hilft.

Viertel nach acht.

b Welche Uhrzeiten sind gleich? Ordnet zu.

1. Viertel nach neun
2. halb neun
3. acht vor neun
4. zwanzig nach neun
5. fünf nach neun

A neun Uhr zwanzig
B acht Uhr zweiundfünfzig
C einundzwanzig Uhr fünf
D neun Uhr fünfzehn
E zwanzig Uhr dreißig

offizielle Uhrzeiten	
8:15	acht Uhr fünfzehn
20:15	zwanzig Uhr fünfzehn
13:40	dreizehn Uhr vierzig
00:05	null Uhr fünf

1.39

c Hört die Gespräche und seht die Fotos an. Wie spät ist es? Notiert im Heft.

A

B

C

d Arbeitet zu dritt. Person A nennt eine Uhrzeit offiziell, Person B wiederholt die Uhrzeit inoffiziell, C kontrolliert. Tauscht dann die Rollen.

Fünfzehn Uhr zwanzig. *Zwanzig nach drei.* *Das stimmt.*

e Wie sagt man die Uhrzeit in euren Sprachen? Vergleicht mit dem Deutschen.

1. Es ist zehn nach sieben.
2. Es ist halb acht.
3. Es ist Viertel vor neun.
4. Es ist vierzehn Uhr zwölf.

10 Ein wunderbarer Tag

Lest den Text von Timo. Warum ist sein Tag wunderbar? Sprecht in der Klasse.

Ein wunderbarer Tag
Am Morgen klingelt der Wecker nicht und ich gehe nicht in die Schule. Um 11 Uhr frühstücke ich Pizza! Und danach höre ich ganz laut Musik. Am Nachmittag telefoniere ich mit Jennifer Lawrence. Ich mache keine Hausaufgaben. Dann spiele ich drei Stunden Fußball mit Mario Götze. Und am Abend machen meine Freunde und ich eine Party.
Das ist ein super Tag!

11 Projekt: Traumtag oder Horrortag?

Arbeitet zu zweit. Überlegt: Was macht ihr an einem Traumtag? Was macht ihr an einem Horrortag? ● Macht je drei Fotos von typischen Aktivitäten für einen Traumtag und für einen Horrortag. ● Mischt die Fotos und zeigt sie in der Klasse. Die anderen raten: Ist das der Traumtag oder der Horrortag? ● Schreibt dann Texte wie in 10 über den Traumtag oder über den Horrortag. Jede/r schreibt einen Text.

Kannst du das schon?

Tageszeiten
– am Morgen | am Vormittag | am Mittag | am Nachmittag | am Abend

Uhrzeiten
– ● Wie spät ist es? ○ Es ist acht Uhr.

– Wir schreiben:

Wir schreiben:	inoffiziell:	offiziell:
7:00/19:00 Uhr	7 Uhr	7/19 Uhr
7:15/19:15 Uhr	Viertel nach 7	7 Uhr 15/19 Uhr 15
7:30/19:30 Uhr	halb 8	7 Uhr 30/19 Uhr 30
7:45/19:45 Uhr	Viertel vor 8	7 Uhr 45/19 Uhr 45
7:50/19:50 Uhr	zehn vor 8	7 Uhr 50/19 Uhr 50
8:05/20:05 Uhr	fünf nach 8	8 Uhr 5/20 Uhr 5

Verb auf Position 2

1	2		
Ich	dusche	am Morgen.	
Am Morgen	dusche	ich.	
Ich	gehe	um halb acht	in die Schule.
Um halb acht	gehe	ich	in die Schule.

über den Tagesablauf sprechen
– ● Ich frühstücke um halb acht. Und du?
  ○ Um sieben. Um halb acht gehe ich in die Schule.
– Ich dusche um sieben. | Um fünf mache ich Hausaufgaben.

trennbare Verben
– abholen | einkaufen | anrufen | aufstehen | mitnehmen

– Am Nachmittag	kauft	Nadja	ein.
Nadja	ruft	Oma	an.

zuerst, dann, danach
Zuerst klingelt der Wecker. Dann stehe ich auf und frühstücke. Danach gehe ich in die Schule.

einen Traumtag beschreiben
– Am Morgen klingelt der Wecker nicht. Ich gehe nicht in die Schule. Um 11 Uhr frühstücke ich. Ich spiele drei Stunden Fußball. Am Abend mache ich eine Party.

Gute Nacht!
Du bist ein Schatz!

Noch einmal, bitte

Tageszeiten
Nennt drei Tageszeiten.
am …

Uhrzeiten
Wie spät ist es?
Nennt die Uhrzeiten offiziell und inoffiziell.

Verb auf Position 2
Ergänzt die Sätze.
Am Morgen …
Ich …
Um halb acht …
Ich …

Tagesablauf
Wann macht ihr das?
duschen?
in die Schule gehen?
Sport machen?
schlafen?

trennbare Verben
Schreibt den Satz richtig.
am Mittag / abholen / Nadja / Jannik.

zuerst, dann, danach
Macht drei Sätze mit
zuerst – dann – danach.

Traumtag
Sagt drei Sätze zu eurem Traumtag.

Gute Nacht!

6

Wir lernen:
Wochentage | Schulfächer | über den Stundenplan sprechen | Aktivitäten am Nachmittag | die Schule vorstellen
Wann? – *am Montag* | Verb *haben* | *sein* + Adjektiv | *gern* | Verben mit Vokalwechsel | *unser* und *euer*

Mein Lieblingsfach ist …

1 Der Wochentage-Rap

1.40

**Hört und lest den Rap mehrmals.
Könnt ihr alle zusammen im Rhythmus sprechen?**

Am Montag habe ich frei! Genau bis um halb drei!
Dann muss ich spazieren gehen, Pia möchte Paul sehen …
Am Dienstag habe ich frei. Genau bis um halb drei!
Dann muss ich spazieren gehen, Pia möchte Paul sehen …
Am Mittwoch habe ich frei! Leider nur bis zwei.
Pia hat heute früher aus – und ich muss raus!
Am Donnerstag habe ich frei! Wieder bis um zwei.
Pia hat heute früher aus – und ich muss heute schon wieder raus!
Am Freitag habe ich frei! Pia kommt um eins nach Haus
und meine Freizeit ist dann aus …
Am Samstag habe ich frei! Den ganzen Tag nur frei!
Pia, die macht heute Sport – doch ich bin nicht dabei!
Am Sonntag habe ich frei! Den ganzen Tag nur frei!
Nadja kommt, holt Pia ab – doch ich bin nicht dabei!

2 Die Wochentage

**Schreibt die richtige Reihenfolge ins Heft.
Wer lernt die Wochentage am schnellsten?**

Samstag
Montag
Mittwoch
Sonntag
Dienstag
Freitag
Donnerstag

Montag, …

Wann? – am

am Montag, **am** Dienstag,
am Mittwoch, …
am Samstag/Sonntag =
am Wochenende

3 Der Stundenplan von Klasse 7b

a Lest den Stundenplan. Welche Schulfächer versteht ihr? Übersetzt in eure Sprachen.

Uhrzeit	Montag	Raum	Dienstag	Raum	Mittwoch	Raum	Donnerstag	Raum	Freitag	Raum
8.00-8.45	Mathematik		Englisch		Deutsch		Englisch		Biologie	
8.45-9.30	Physik/Chemie		Deutsch		Deutsch		Englisch		Sport	
9.30-10.15	Biologie		Kunst/Musik		Mathematik		Mathematik		Sport	
10.45-11.30	Englisch		Kunst/Musik		Französisch/Latein		Geografie		Mathematik	
11.30-12.15	Geografie		Religion/Ethik		Französisch/Latein		Französisch/Latein		Deutsch	
12.15-13.00	Informatik1		Geschichte		Physik/Chemie		Geschichte		Informatik2	

1.41 **b Welche Schulfächer hört ihr? Sammelt in der Klasse.**

4 Unsere Schulfächer

Übt zu zweit: Der Stundenplan von Klasse 7b und euer Stundenplan.

- Wann hat die 7b Mathematik?
- ○ Mathe hat die Klasse am Montag, am Mittwoch, am …
  Wann haben wir Mathe?
- Wir haben am …
- ○ Hat die 7b Englisch?
- Ja! Am Montag, am …

haben

ich hab**e**	wir hab**en**
du ha**st**	ihr hab**t**
er/es/sie ha**t**	sie/Sie hab**en**

5 Mathe ist doof!

1.42 **a Hört und lest das Gespräch zu zweit. Schreibt alle Adjektive ins Heft.**

- Mathe ist doof!
- ○ Nein, Mathe ist super! Latein ist langweilig!
- △ Quatsch, Latein ist nicht langweilig! Latein ist wichtig!
- Und Informatik?
- ○ Informatik ist interessant, aber schwer.
- Und Kunst?
- △ Kunst ist schön!

+	–
interessant, leicht, schön, super, wichtig	langweilig, doof blöd, schwer

b Und eure Fächer? Was sagt ihr?

Mathe ist doof.

Nein, Mathe ist nicht doof!

Adjektive

Mathe ist **super**.
Latein ist **wichtig**.
Kunst und Französisch sind **schön**.

6 Fächer-Hitliste

Macht eine Umfrage in der Klasse. Wie ist eure Hitliste?

Was ist dein Lieblingsfach?

Mein Lieblingsfach ist Deutsch.

Unsere Lieblingsfächer:
Platz 1: Sport
Platz 2: …

7 Schule am Nachmittag

Wer geht in welche AG? Wer findet keine AG?

Kamera sucht Stars

Wir suchen junge Talente! Mach bei unserem neuen Filmprojekt mit. Komm am Dienstag um 16 Uhr in Raum 201.

Die Video-AG

GESUND ESSEN!!!

Du isst auch gern gesund? Dann komm in die Koch-AG! Donnerstag um 14 Uhr in der Kantine mit Herrn König.

Magst du Zirkus? Bist du sportlich?

Die Akrobaten und Clowns von morgen kommen jeden Mittwoch um 15.00 Uhr in die Sporthalle.

Die Zirkus-AG

Lust auf Bewegung?

Fußball – Volleyball – Skaten – Laufen
Die Sport-AG triffst du jeden Montag und Freitag von 14.00 bis 16.00 Uhr.

1. Laura kann Einrad fahren. → Zirkus-AG
2. Florian trifft gern Freunde. → keine AG

3. Jana macht gern Filme. → …
4. Daniel läuft gern. → …

5. Corinna kocht und isst gern. → …
6. Moritz liest gern. → …

8 Ich treffe gern Freunde.

Was macht ihr gern? Erzählt in der Klasse.

Ich laufe gern.

Ich auch, und ich fahre gern Skateboard.

Ich treffe gern Freunde.

gern

Corinna (kocht) **gern**.
Ich (kaufe) **gern** ein.
Ich (spiele) **gern** Ball.
Was (machst) du **gern**?

9 Siehst du gern Filme?

a Sammelt Fragen. Jeder schreibt dann drei Fragen auf eine Karte. Geht in der Klasse herum und fragt.

Isst du gern Pizza?
Triffst du am Samstag gern Freunde?
Fährst du gern Fahrrad?

Verben mit Vokalwechsel

ich	laufe	fahre	treffe	lese	esse
du	läufst	fährst	triffst	liest	isst
er/es/sie	läuft	fährt	trifft	liest	isst
wir	laufen	fahren	treffen	lesen	essen
ihr	lauft	fahrt	trefft	lest	esst
sie/Sie	laufen	fahren	treffen	lesen	essen

b Erzählt in der Klasse.

Mona fährt gern Fahrrad. Sie trifft am Samstag gern Freunde. Sie isst nicht gern Pizza …

10 Nadja und Robbie

a Lest die Sätze und dann die Geschichte von Nadja und Robbie. Nur ein Satz ist richtig!

1. Nadja und Robbie gehen in die Koch-AG.
2. Robbie isst gern gesund.
3. Nadja läuft am Freitag.
4. Nadja trifft Robbie am Mittwoch und am Freitag.
5. Nadja und Robbie essen zusammen Hamburger.

Nadja isst gern gesund und sie kocht gern. Am Donnerstag geht sie in die Koch-AG. Robbie kommt nicht mit. Er trifft gern Freunde. Zweimal pro Woche geht er auch in AGs: Am Mittwoch singt er und am Freitag läuft er.
Nadja schreibt eine Nachricht: „Du hast nie Zeit für mich!" Robbie liest die Nachricht von Nadja. Er schreibt: „Quatsch! Ich habe Zeit! Donnerstag um zwei?"
Jetzt geht Nadja nicht mehr in die Koch-AG. Jeden Donnerstag um zwei trifft sie Robbie und sie essen Hamburger.

b Du bist Nadja und sprichst mit Robbie. Schreibt den ersten Absatz aus Aufgabe 10a neu.

Ich esse gern gesund und ich … *Du kommst nicht mit. Du …*

11 Lange und kurze Vokale

1.43

a Hört die Wörter und sprecht nach. Übt dann zu zweit.

lang
1. a – haben, fahren
2. e – lesen, nehmen
3. i – spielen, buchstabieren
4. o – holen, wohnen
5. u – duschen, suchen

kurz
6. a – machen, tanzen
7. e – treffen, essen
8. i – schwimmen, stimmen
9. o – kochen, kommen
10. u – muss, Kunst

1.44

b Hört die Sätze und sprecht nach.

1. Oma spielt am Montag Fußball mit Emil und Maja.
2. Ich muss am Samstag Suppe kochen.

12 Unsere Schule – eure Schule

a Svenja und Oli erzählen. Zu welchen Sätzen gibt es ein Bild?

A

B

C

D

1. Hallo, wir sind Svenja und Oli! Das ist unsere Schule. Sie ist neu. Wir gehen gern in unsere Schule. Und wie ist eure Schule? Ist sie alt oder neu?
2. Unser Klassenzimmer ist klein (schnüff ☹), aber schön (☺). Wie ist euer Klassenzimmer?
3. Unsere Lehrer sind okay. Und eure Lehrer? Sind sie nett oder doof, interessant oder langweilig?
4. Unser Sportplatz ist groß. Und euer Sportplatz? Ist er groß oder klein?
5. Unser Kunstlehrer ist super! Ach ja, unsere Lateinlehrerin ist wichtig: Sie ist die Schuldirektorin.
6. Und Herr Maier ist auch wichtig! Er ist unser Hausmeister. Er ist total nett und alle haben ihn gern …

b Lest den Kasten und sucht *unser/euer* in den Sätzen aus 12a. Schreibt dann eine E-Mail an Svenja und Oli.

Hallo! Wir sind ...
Unsere Schule ist ...
...

unser, euer	
der Sportplatz	**unser/euer** Sportplatz
das Klassenzimmer	**unser/euer** Klassenzimmer
die Schule	**unsere/eure** Schule
die Lehrer (Plural)	**unsere/eure** Lehrer

13 Projekt: Unsere Schule vorstellen

Präsentiert eure Schule.

Ihr bekommt Besuch aus D, A oder CH und stellt eure Schule vor. ● Jede Gruppe präsentiert einen Teil der Schule (Klassenzimmer, Sporthalle, Kantine, Lehrer …).
● Macht Fotos oder einen Film. Schreibt oder sprecht dazu.

Das ist unsere Kantine. Sie ist klein, aber das Essen ist lecker. Wir sind gern hier.

Kannst du das schon?

Wochentage
– Montag | Dienstag | Mittwoch | Donnerstag | Freitag | Samstag | Sonntag

Schulfächer
– Mathematik | Physik | Chemie | Biologie
– Englisch | Deutsch | Französisch | Latein
– Geografie | Geschichte | Religion | Ethik
– Kunst | Musik
– Informatik | Sport

– Arbeitsgruppe (AG)
Video-AG, Koch-AG, Zirkus-AG, Sport-AG

über den Stundenplan sprechen
– ● Wann haben wir Mathe? ○ Wir haben am Montag Mathe.
– ● Hast du Musik oder Kunst? ○ Ich habe Kunst.
– ● Wann hast du Ethik? ○ Am Mittwoch.
– ● Wann hast du frei? ○ Am Wochenende habe ich frei.

sein + Adjektiv
– interessant, leicht, schön, super, wichtig, nett
– langweilig, schwer, doof, blöd
– neu – alt | klein – groß

– ● Bio ist doof. ○ Nein, Bio ist super.
– Französisch und Geschichte sind schön.

Aktivitäten am Nachmittag
– Rad fahren | Freunde treffen | Filme machen | laufen | kochen | essen | lesen
– Laura fährt gern Rad und sie liest gern.
– Daniel läuft gern.
– Florian trifft gern Freunde.
– Corinna kocht und isst gern.

die Schule vorstellen
– Unser Klassenzimmer ist klein. Wie ist euer Klassenzimmer?
– Unsere Lehrer sind okay. Wie sind eure Lehrer?
– Unser Sportplatz ist groß. Und euer Sportplatz?

Du hast nie Zeit für mich!
Er ist total nett.

Noch einmal, bitte

Wochentage
Nennt die Wochentage.

Schulfächer
Welche Schulfächer gibt es auf eurem Stundenplan?

Stundenplan
Stellt Fragen zum Stundenplan.
Wann haben wir …?
Hast du …?

sein + Adjektiv
Wie findet ihr die Fächer?
Biologie ist …
Mathe und Physik sind …
Musik …
Sport …

Aktivitäten
Was macht ihr gern? Sprecht.
Ich … gern.
Er/Sie … gern.

die Schule vorstellen
Beschreibt eure Schule und stellt Fragen zur Schule von anderen.

Du hast nie Zeit für mich!

7

Wir lernen:
sagen, was man will und muss | sich verabreden | über Hobbys sprechen | Aufforderungen verstehen und formulieren
Modalverben *wollen* und *müssen* | du-Imperativ

Kommst du mit?

1 Wer macht was?

a Was passt zu welchem Bild?

A Hausaufgaben machen B ins Kino gehen C fernsehen
D trainieren E das Auto waschen F in den Alpen wandern

1.45

b Hört die Gespräche. Wer will was machen? Wer muss was machen? Ergänzt die Sätze mit den Wörtern aus Aufgabe 1a.

wollen	müssen
1. Paul will …	4. Der Opa von Paul muss …
2. Frau Müller will …	5. Nadja muss …
3. Jannik will …	6. Kolja muss …

2 Ich muss Hausaufgaben machen.

1.45

a Was passt zusammen? Hört noch einmal die Gespräche aus Aufgabe 1b. Lest die Sätze richtig vor.

1. Paul will mit Pia ins Kino gehen, aber
2. Jannik will fernsehen, aber
3. Robbie will Nadja treffen, aber
4. Nadja muss ins Schwimmbad gehen, aber
5. Kolja will mit Robbie Fußball spielen, aber

A er muss schlafen gehen.
B sie muss mit Plato spazieren gehen.
C sie hat keine Lust.
D er muss Hausaufgaben machen.
E sie muss trainieren.

b Was sagen Paul, Pia und die anderen?

1. Paul sagt: „Ich … ins Kino!"
2. Pia sagt: „Ich … mit Plato spazieren gehen."
3. Frau Müller sagt: „Ich … in den Alpen wandern."
4. Jannik sagt: „Ich … fernsehen."
5. Opa sagt: „Ich … das Auto waschen."
6. Nadja sagt: „Ich … ins Schwimmbad gehen."

wollen	müssen
ich **will**	ich **muss**
er **will**	er **muss**
sie **will**	sie **muss**

3 Ich muss? Ich will!

Ergänzt die Lücken. Schreibt den Text ins Heft.

1. Am Morgen … ich um 7 Uhr aufstehen.
2. Ich … aber lange schlafen.
3. Mein Vater sagt, ich … in die Schule gehen.
4. Aber ich … nicht!!!
5. Ich … den ganzen Tag Gitarre spielen.
6. Aber ich … Hausaufgaben machen.
7. Meine Mutter sagt, ich … mein Zimmer aufräumen.
8. Ich … jetzt meine Freunde treffen, aber ich … die Übung machen!!! Aber jetzt bin ich fertig!!!

4 Er und sie – Was ist Liebe?

Lest und schreibt das Gedicht weiter.

Ist das Liebe?
Er will Fußball spielen.
Sie will ein Buch lesen.
Er will ins Kino gehen.
Sie will fernsehen.
Sie muss trainieren.
Er will Eis essen.
Sie muss …

Sätze mit wollen und müssen

Er	will	Fußball	spielen.
Sie	muss		trainieren.

5 Kommst du mit?

a Hört und lest mit. Übt dann die Gespräche.

1.46

A

● Kommst du heute Abend mit ins Konzert?
○ Wer spielt?
● Robbie und seine Band.
○ Toll, wann fängt das Konzert an?
● Um 20 Uhr.
○ Super. Ich komme mit.

B

● Kommst du heute Abend mit ins Konzert?
○ Wer spielt?
● Robbie und seine Band.
○ Nein, ich habe keine Lust.
● Warum kommst du denn nicht?
○ Die Musik ist langweilig.

b Deckt Aufgabe 5a zu. Spielt die Gespräche.

A

● Konzert?
○ Wer?
● Band.
○ Wann?
● 20 Uhr.
○ Super!

B

● Konzert?
○ Wer?
● Band.
○ Nein.
● Warum?
○ Langweilig.

6 Verabredungen

Übt zu zweit. Wählt Fragen und Antworten aus. Schreibt Minigespräche. Lest sie dann in der Klasse vor.

?

Hast du am Mittwoch Zeit? • Willst du in die Disco gehen? • Was machst du am Samstag um fünf? • Willst du heute zu mir kommen? • Ich gehe ins Kino. Kommst du mit?

☺	😐	☹
Ja, toll! • Ja, gern! Wann? • Klar, um wie viel Uhr? • Oh ja, super!	Vielleicht. • Wann? • Ich weiß nicht.	Nein, keine Zeit. • Das geht nicht, schade. • Tut mir leid, heute nicht. • Nein, ich habe keine Lust. • Ich kann leider nicht kommen.

7 Ich habe leider keine Zeit.

Du willst/kannst nicht mitkommen. Was sagst du?

Kommst du mit?

Ich habe leider keine Zeit. Ich will …

1. spielen | Ich | Tennis | will | .
2. Klavier | muss | üben | . | Ich
3. muss | mein Fahrrad | . | reparieren | Ich
4. Ich | mein Zimmer | aufräumen | muss | .
5. kochen | will | Spaghetti | . | Ich | heute Abend
6. im Internet | will | Ich | . | surfen

8 Kommst du morgen mit ins Kino?

Geht in der Klasse herum. Spielt Gespräche mit verschiedenen Partnern. Die Kästen aus Aufgabe 6 helfen.

9 Hobbys

Hobby-Pantomime. Spielt die Hobbys. Die anderen raten.

Freunde besuchen • reiten • Flugzeuge basteln • Computerspiele spielen • fernsehen • im Schulcafé arbeiten • Klavier spielen • Fahrrad fahren • Sport machen • Aufkleber sammeln

10 Die Hobby-Statistik

a Habt ihr ein Hobby? Sprecht in der Klasse.

Was sind deine Hobbys? — *Mein Hobby ist …* — *Ich fahre gern Fahrrad.* — *Spielst du gern Tennis?*

b Macht eine Hobby-Statistik in der Klasse.

Musik hören ||||| ||
…

11 Projekt: Hobbys bei uns im Ort

Macht ein Infoblatt für euren Ort.

Ein Mädchen und ein Junge sind neu in eurer Klasse. Sie wissen nicht, was sie in ihrer Freizeit machen können. • Arbeitet in Gruppen: Welche Hobbys kann man in eurem Ort machen? Wo?

SCHULE	SPORTVEREIN	MUSIKSCHULE
Volleyball spielen: Donnerstag, 16 Uhr Sporthalle	*Handball*	Gitarre
Schulcafé Montag, 15 Uhr	*Basketball*	Klavier
Schulband Freitag, 18 Uhr	*Fußball*	…

12 Meine Hobbys

a Lest die Steckbriefe von Jonas, Anna und Finn. Welche Wörter gibt es auch in euren Sprachen?

Deutsch	Englisch	Italienisch
Sport	sports	sport
Tennis	tennis	tennis
Sportler	…	sportivo

Jonas
Ich mache viel Sport: Ich spiele Tennis und ich fahre Fahrrad. Ich sammle Aufkleber von Sportlern. Am Wochenende besuche ich meine Freunde und wir gehen in die Disco.

Anna
Ich spiele Gitarre in einer Band und wir üben jedes Wochenende. Wir wollen jetzt eine CD machen. Ich singe auch. Ich sehe gern fern und ich gehe auch gern ins Kino. Und ich bin in der Theater-AG – Theater spielen macht Spaß.

Finn
Jeden Montag arbeite ich drei Stunden im Schulcafé. Ich mache Tee und Kakao, aber ich kann auch Schokoladenkuchen machen. Ich spiele gern Computerspiele. Und ich spiele Fußball.

b Lest die Steckbriefe noch einmal. Was macht ihr auch? Was macht ihr nicht? Sprecht in der Klasse.

c Schreib einen Steckbrief über dich und deine Hobbys.

13 Beeil dich!

1.47

a **Hört die Nachrichten für Paul. Wie viele Personen rufen an?**

b **Wer sagt was? Hört noch einmal und ordnet zu.**

1. Mama
2. Pia
3. Robbie
4. Kolja

A Geh ans Telefon. Fahr endlich los!
B Komm mit.
C Mach das Essen warm. Räum dein Zimmer auf!
D Kauf ein.
E Komm sofort! Beeil dich!
F Ruf Opa an!

c **Was notiert Paul? Schreibt einen Notizzettel.**

Mama: Essen warm machen, Zimmer aufräumen, ...

d **Was sagen Eltern? Ergänzt die richtigen Formen an der Tafel und im Heft.**

1. *einkaufen → Kauf ein!*
2. *Hausaufgaben machen →*
3. *aufräumen →*
4. *aufstehen →*
5. *Jannik abholen →*
6. *Mathe lernen →*
7. *das Fenster aufmachen →*

du-Imperativ		
machen	→	**mach!**
gehen	→	**geh!**
kommen	→	**komm!**
mit|kommen	→	**komm mit!**
an|rufen	→	**ruf an!**

14 Ruf mich an, komm mit, ...

1.48

a **Welche Sätze klingen freundlich?**

1. A Bitte mach die Hausaufgaben!
   B Mach die Hausaufgaben!
2. A Kauf ein!
   B Kauf bitte ein!
3. A Komm mit!
   B Komm mit, bitte!
4. A Steh endlich auf!
   B Steh endlich auf, bitte!
5. A Ruf sofort Opa an!
   B Bitte ruf sofort Opa an!

b **Hört noch einmal und achtet auf die Melodie. Sprecht die Sätze nach.**

c **Schreibt die Sätze aus Aufgabe 13b mit „bitte" und sprecht sie laut.**

Kannst du das schon?

sagen, was man will und muss
- Paul will ins Kino gehen.
  Pia muss mit Plato spazieren gehen.
- Ich will meine Freunde treffen.
  Ich muss die Übung machen.

sich verabreden
- ● Kommst du mit ins Konzert?
- ○ Wer spielt?
- ● Robbie und seine Band.
- ○ Wann fängt das Konzert an?
- ● Um 20 Uhr.
- ○ Super. Ich komme mit. / Nein, ich habe keine Zeit/Lust.

über Hobbys sprechen
- ● Was sind deine Hobbys? ○ Mein Hobby ist …
- ● Spielst du gern Tennis? ○ Nein, ich fahre gern Fahrrad.

Hobbys
- Freunde besuchen | reiten | Flugzeuge basteln | Computerspiele spielen | fernsehen | im Schulcafé arbeiten | Klavier spielen | Fahrrad fahren | Sport machen | Aufkleber sammeln | Tennis spielen | in die Disco gehen | schwimmen | Fußball spielen | Theater spielen

Aufforderungen verstehen und formulieren
- Kauf ein! | Mach Hausaufgaben! | Räum auf! | Steh auf! | Lern Mathe! | Mach das Essen warm! | Ruf Opa an! | Beeil dich!

Ich habe keine Lust!
Schade.
Geh ans Telefon!

Noch einmal, bitte

will und muss
Was willst du?
Was musst du?
Macht je drei Sätze.

sich verabreden
Spielt Dialoge.
● Konzert?
○ Wer?
● Robbie und Band.
○ Wann?
● 🕘
○ ☺ / ☹

über Hobbys sprechen
Fragt und antwortet.
Was sind deine …?

Hobbys
Nennt fünf Hobbys.

Aufforderungen
Was sagen Eltern oft?
- *Mach …*
- *Räum …*
- …

8

Wir lernen:
Sprachen | über die eigenen Sprachen sprechen | Verkehrsmittel | über den Schulweg sprechen Pronomen: *man* | Verb *sprechen* | Sätze mit *deshalb* | *mit* und Dativ | *sein, ihr*

Schule international

1 Unsere Sprachen

1.49

a Welche Sprachen hört ihr?

Deutsch • Englisch • Chinesisch • Türkisch • Französisch • Italienisch • Suaheli • Polnisch • Spanisch • Portugiesisch • Russisch

Nummer 1 ist Deutsch.

Nummer 2 ist …

b Welche Sprachen spricht man wo?

in Italien • in Kenia • in China • in den USA • in Portugal • in der Schweiz • in Spanien • in Russland • in der Türkei • in Österreich • in Polen • in Deutschland • in Frankreich

In Italien spricht man Italienisch.

In der Schweiz spricht man auch Italienisch.

man

In Deutschland	spricht **man** Deutsch.
Italienisch	spricht **man** in Italien.

c Welche Sprachen gibt es in eurer Klasse oder Schule? Sammelt.

In unserer Klasse sprechen wir … Sprachen. Das sind …

sprechen

ich spreche
du sprich**st**
er/es/sie sprich**t**

2 Meine Sprachen

1.50

a Hört die drei Jugendlichen. Wer hat nur eine Muttersprache?

Giovanni

Lisa

Grace

b Von wem ist das Sprachenporträt? Giovanni, Lisa oder Grace?

- Suaheli
- Englisch
- Deutsch
- Französisch

c Macht ein Sprachenporträt für eure Sprachen. Präsentiert es in der Klasse.

Ich spreche …
und ich lerne …

3 Deshalb spricht er Deutsch.

a Was passt zusammen? Lest die Sätze richtig vor.

1. Die Mutter von Giovanni kommt aus Italien,
2. Giovanni ist in Deutschland geboren,
3. Die Eltern von Lisa kommen aus Deutschland,
4. Grace kommt aus Kenia,

A deshalb sprechen sie Deutsch.
B deshalb spricht sie Suaheli und Englisch.
C deshalb spricht er auch Deutsch.
D deshalb spricht Giovanni Italienisch.

b Macht aus zwei Sätzen einen Satz mit *deshalb*.

Paul findet Pia nett.
Frau Müller gibt am Freitag nie Hausaufgaben.
Robbie hat ein Konzert.
Der Bruder von Nadja ist fünf Jahre alt.
Pia hat einen Hund.

Sie geht viel spazieren.
Er muss viel Gitarre üben.
Nadja findet sie super.
Er will mit Pia ins Kino gehen.
Er geht noch nicht in die Schule.

Paul findet Pia nett, deshalb …

deshalb

Die Mutter von Giovanni kommt aus Italien. Giovanni spricht Italienisch.

Die Mutter von Giovanni kommt aus Italien, **deshalb** spricht Giovanni Italienisch.

4 Abenteuer Schulweg

a Lest die Texte und seht die acht Fotos an. Wie kommen die Schüler in die Schule? Welches Foto passt?

Francesca fährt mit … in die Schule.

Kenan, 15 Jahre, Mongolei

Bei uns gibt es keine Straßen und deshalb auch keinen Bus. Meine Schwester und ich reiten jeden Tag in die Schule. Für 18 Kilometer brauchen wir 90 Minuten.

Francesca, 13 Jahre, Alp Flix (Kanton Graubünden, Schweiz)

Wir wohnen auf einem Berg. Mein Schulweg ist vier Kilometer lang. Aber ich brauche nur acht Minuten dafür – zumindest bei Schnee. Das geht wahnsinnig schnell und macht großen Spaß! Auf dem Rückweg holt mich meine Mutter mit dem Auto ab.

mit dem Schlitten fahren

mit dem Fahrrad fahren

mit dem Pferd reiten

mit dem Auto fahren

mit dem Bus fahren

mit der U-Bahn fahren

mit dem Zug fahren

mit dem Schiff fahren

1.51 **b Hört das Quiz. Wie ist der Schulweg von Martin, Resa und Tommi? Welches Verkehrsmittel benutzen sie? Macht Notizen und sprecht in der Klasse.**

Martin
Schulweg: 30 Kilometer
Zeit: 30 Minuten
kein Bus, keine U-Bahn

Martin fährt mit …

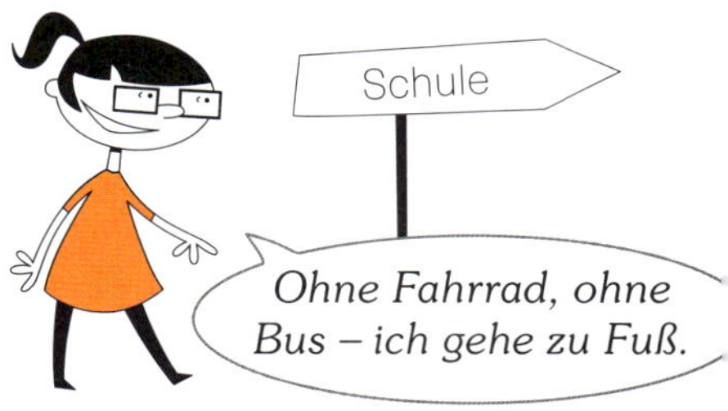

c Wie kommt ihr zur Schule? Sprecht in der Klasse.

Ich fahre mit dem Fahrrad in die Schule. Das dauert eine halbe Stunde.

Ich gehe zu Fuß. Das dauert nur 10 Minuten.

mit und Dativ

der Schlitten	Ich fahre **mit dem Schlitten**.
das Fahrrad	Ich fahre **mit dem Fahrrad**.
die U-Bahn	Ich fahre **mit der U-Bahn**.
die Busse	Ich fahre **mit den Bussen** 105 und 107.

5 Auf dem Weg zur Schule

a **Seht euch das Bild an. Was denkt ihr? Was ist von wem?**

die CD • das Foto • der Brief • die Katze • die Schuhe • der Stift

Die CD ist bestimmt von Robbie.

b **Sprecht zu zweit. Fragt und antwortet.**

Ist das seine CD? Oder ist das ihre CD?

Das ist seine CD.

Ist das sein Brief? Oder ist das ihr Brief?

	sein/seine	ihr/ihre
der Brief	**sein** Brief	**ihr** Brief
das Foto	**sein** Foto	**ihr** Foto
die CD	**seine** CD	**ihre** CD
die Schuhe	**seine** Schuhe	**ihre** Schuhe

6 Mit Punkten oder ohne?

Hört zu und zeigt den richtigen Buchstaben.

1.52 **a** **u oder ü**

1. T_rkei
2. Sch_le
3. _ben
4. M_sik
5. F_ßball
6. Sch_ler

1.53 **b** **o oder ö**

1. Franz_sisch
2. P_lnisch
3. _sterreich
4. t_ll
5. w_hnen
6. h_ren

c **Hört noch einmal und sprecht die Wörter nach.**

7 Ein E-Mail-Austausch im Deutsch-Unterricht

a Maria schreibt an ihren E-Mail-Partner Eric. Lest die E-Mail. Was ist richtig?

1. Maria schreibt zum ersten Mal an Eric.
2. Maria schreibt zum zweiten Mal an Eric.

Hallo Eric,

wie geht es dir? Mir geht es gut.

Ich heiße Maria und komme aus Barcelona. Ich bin 13 Jahre alt und gehe in die 7. Klasse im Liceo Gaudí. Ich habe jeden Tag von 8 bis 16 Uhr Schule. Mein Lieblingsfach ist Musik. Meine Hobbys sind Gitarre spielen, lesen und tanzen.
Ich spreche Spanisch. In der Schule lerne ich Deutsch und Englisch.

Wie alt bist du? Wie lange bist du jeden Tag in der Schule? Was ist dein Lieblingsfach? Was sind deine Hobbys? Welche Sprachen sprichst du?

Schreib mir bald!

Viele Grüße
Maria

b Schreibt einen Steckbrief für Maria.

Name: Maria
Wohnort:
Alter:
Klasse:
Schule:
Lieblingsfach:
Hobbys:
Sprachen:

c Erfindet einen Steckbrief für Eric und schreibt dann eine Antwort auf Marias E-Mail. Antwortet auf ihre Fragen.

Hallo Maria,

vielen Dank für deine E-Mail. Ich bin ...

Viele Grüße
Eric

8 Projekt: Austausch-Klasse gesucht

Sucht eine Partnerklasse und schreibt ihr E-Mails.

Sucht eine Partnerklasse aus einem anderen Land. Sie lernt auch Deutsch und die Schüler sind so alt wie ihr. • Jeder Schüler aus Schule A bekommt einen E-Mail-Partner aus Schule B. • Was möchtet ihr schreiben? Findet für jede E-Mail ein Thema (z. B. das bin ich, meine Familie, meine Schule, mein Zimmer, das sind meine Hobbys). • Schreibt alle zwei Wochen eine E-Mail.

Kannst du das schon?

Sprachen
– Deutsch | Englisch | Chinesisch | Türkisch | Französisch | Italienisch | Suaheli | Polnisch | Spanisch | Portugiesisch | Russisch

Pronomen: *man*
– In Deutschland und in Österreich spricht man Deutsch.
In der Schweiz spricht man Deutsch, Französisch und Italienisch.
Türkisch spricht man in der Türkei.

über die eigenen Sprachen sprechen
– Ich spreche … und ich lerne …
– In unserer Klasse sprechen wir …
– Giovanni ist in Deutschland geboren, deshalb spricht er Deutsch.
– Grace kommt aus Kenia, deshalb spricht sie Suaheli und Englisch.

Verkehrsmittel
– das Fahrrad | das Auto | der Bus | die U-Bahn | der Zug | das Schiff | der Schlitten | das Pferd

über den Schulweg sprechen
– Ich fahre mit dem Bus.
Ich fahre mit dem Fahrrad.
Ich fahre mit der U-Bahn.
Ich fahre mit den Bussen 105 und 107.
– Ich fahre mit … Das dauert eine halbe Stunde.
– Ich gehe zu Fuß. Das dauert nur 10 Minuten.

sein* und *ihr

Das ist sein Brief.	Das ist ihr Brief.
Das ist sein Foto.	Das ist ihr Foto.
Das ist seine CD.	Das ist ihre CD.
Das sind seine Schuhe.	Das sind ihre Schuhe.

Hast du keine Augen im Kopf?
'tschuldigung!

Noch einmal, bitte

Sprachen
Nennt möglichst viele Sprachen.

Pronomen: *man*
Welche Sprachen spricht man wo?
In der Schweiz …
Chinesisch …
Englisch …

eigene Sprachen
Welche Sprachen sprecht und lernt ihr?
Ich bin in … geboren, deshalb …
Ich lerne …

Verkehrsmittel
Nennt möglichst viele Verkehrsmittel.

Schulweg
Wie kommt ihr zur Schule?

sein* und *ihr
Macht Sätze.

Das ist ihr Foto.

'tschuldigung!

Grammatikübersicht

Film

Aussagesätze

Position 1	Position 2	
Kolja	liest	am Abend ein Buch.
Am Abend	liest	**Kolja** ein Buch.

Sätze mit trennbaren Verben

Position 1	Position 2		Satzende	
Du	rufst	Oma	an.	an|rufen
Papa	kauft	gern im Supermarkt	ein.	ein|kaufen

Weitere trennbare Verben: *abholen, anfangen, aufmachen, aufräumen, aufstehen, mitkommen, mitmachen, mitnehmen*

Sätze und W-Fragen mit *wollen* und *müssen*

Position 1	Position 2		Satzende
Ich	will	Spaghetti	kochen.
Was	willst	du	essen?
Ich	muss	Oma	anrufen.
Was	musst	du	machen?

Ja-/Nein-Fragen mit *wollen* und *müssen*

Position 1		Satzende
Wollt	ihr ins Kino	gehen?
Musst	du Mathe	lernen?

Konnektoren: *deshalb, zuerst, dann, danach*

deshalb	Grace kommt aus Kenia. Sie spricht Englisch und Suaheli. → Grace kommt aus Kenia, **deshalb** spricht sie Englisch und Suaheli.
zuerst **dann** **danach**	Ich stehe auf. Ich dusche. Ich frühstücke. → **Zuerst** stehe ich auf, **dann** dusche ich. **Danach** frühstücke ich.

Verben *wollen* und *müssen*

	wollen	müssen
ich	will	muss
du	willst	musst
er/es/sie	will	muss
wir	wollen	müssen
ihr	wollt	müsst
sie	wollen	müssen
Sie	wollen	müssen

Verben mit Vokalwechsel

	laufen	essen	lesen
ich	laufe	esse	lese
du	läufst	isst	liest
er/es/sie/man	läuft	isst	liest
wir	laufen	essen	lesen
ihr	lauft	esst	lest
sie	laufen	essen	lesen
Sie	laufen	essen	lesen

Weitere Verben mit Vokalwechsel:
treffen (trifft), sprechen (spricht)

Imperativ

	machen	kommen	an rufen	auf räumen	ein kaufen
du	**Mach** schnell!	**Komm!**	**Ruf an!**	**Räum auf!**	**Kauf ein!**

Possessivartikel: *sein, seine* *ihr, ihre* *unser, unsere* *euer, eure*

	sein, seine	*ihr, ihre*	*unser, unsere*	*euer, eure*
der Hund (k)ein Hund	**sein** Hund	**ihr** Hund	**unser** Hund	**euer** Hund
das Buch (k)ein Buch	**sein** Buch	**ihr** Buch	**unser** Buch	**euer** Buch
die Gitarre (k)eine Gitarre	**seine** Gitarre	**ihre** Gitarre	**unsere** Gitarre	**eure** Gitarre
die Freunde (k)eine Freunde	**seine** Freunde	**ihre** Freunde	**unsere** Freunde	**ihre** Freunde

mit und Dativ

Nominativ	Dativ Ich fahre mit …
der	**dem Schlitten**.
das	**dem Fahrrad**.
die	**der U-Bahn**.
die	**den Bussen** 105 und 107.

Präpositionen: *am, um, mit*

am (Wann?)	**Am Nachmittag** kocht Nadja Spaghetti. **Am Dienstag** hat Plato frei.
um (Wann?)	Ich frühstücke **um 8 Uhr**.
mit	Robbie fährt **mit dem Fahrrad** in die Schule.

Tipps für die Prüfung

1 Prüfungsteil Lesen: Anzeige

a **Lest die Überschrift von der Anzeige. Überlegt in der Klasse: Für was ist die Anzeige?**

> **Sport mit Freunden**

b **Lest jetzt die ganze Anzeige. War alles richtig?**

> **Sport mit Freunden**
>
> Magst du Sport?
> Dann komm zu uns. Hier kannst du Fußball spielen, schwimmen, tanzen und vieles mehr.
> Komm zu uns und mach Sport mit Freunden!
>
> **Nur 15 Euro im Monat!**
>
> Sport-Club 1860 Salzburg
> Wiener-Platz 12
> 5014 Salzburg

c **Sucht Antworten auf die Fragen.**

– Für was?
– Wo?

Die Anzeige ist für …

d **Welche Antwort passt zur Anzeige? Schreibt die Lösung ins Heft.**

1. Das ist eine Anzeige für	2. Was kann man dort machen?	3. Wo?
a) einen Freunde-Treff.	a) Musik	a) In Düsseldorf
b) einen Sport-Club.	b) Hausaufgaben	b) In Wien
c) einen Fußballplatz.	c) Sport	c) In Salzburg

1. Das ist eine Anzeige für …

2 Prüfungsteil Schreiben: eine E-Mail schreiben

a Lest die Aufgabe und die E-Mail aus der Prüfung.

Du hast eine E-Mail bekommen.
Antworte darauf bitte mit mindestens 30 Wörtern. Schreibe bitte **nicht** mit Bleistift.

> Hallo,
>
> ich heiße Pilar und bin 14 Jahre alt. Ich wohne in Madrid.
> Ich habe eine Schwester, sie ist 12 Jahre alt.
> Ich lese viele Bücher und höre Musik von Rihanna.
> Welche Musik hörst du? Schreib mir bitte!
> Pilar
>
> pilar.montez@mail.es

b Was schreibt Pilar? Schreibt Stichwörter ins Heft.

– *Name: Pilar*
– *Alter:*
– *Wohnort:*
– …

c Was wollt ihr Pilar schreiben? Notiert Stichwörter.

– *mein Name*
– …

d Was wollt ihr zuerst schreiben, was am Ende? Nummeriert eure Stichwörter.

– *mein Name: (1)*
– …

**e Schreibt eine E-Mail an Pilar ins Heft.
Schreibt einen Satz zu jedem Stichwort.**

Tauscht eure Hefte und korrigiert eure E-Mails. Sammelt die Fehler an der Tafel.

Das Insel-Spiel

3 Auf der Insel

a Wo ist die Insel? Seht eine Deutschlandkarte an und sucht die Insel. Wie heißt sie?

b Spielt in Gruppen und macht eine Reise über die Insel.

Ihr braucht: Würfel und Spielfiguren. • Der Spieler mit dem ersten Buchstaben im Alphabet beginnt. • Ein Spieler würfelt, z. B. [⚁] → Er geht zwei Felder vor und macht die Aufgabe. • Aufgabe richtig? → Der nächste Spieler ist dran. • Fehler? → Geh zwei Felder zurück. Dann suchen alle zusammen die richtige Antwort.

Ostsee

Was machst du gern? Nenne drei Hobbys.
Königsstuhl
Konjugiere *wollen*.
Bilde einen Satz mit *wollen*.
Nenne vier Verkehrsmittel.
Wie kommst du zur Schule?
Bilde zwei Sätze mit *sein/e* und *ihr/e*.
Sellin
Konjugiere *sprechen*.
Bilde einen Satz mit *deshalb*.
Wie
agt man die
Uhrzeiten?
), 8:45, 10:15
Nenne drei trennbare Verben.

Quellenverzeichnis

U2	© Polyglott Verlag GmbH, München
S. 6/7	Meike Birck
S. 9	10: Rafael Croonen – shutterstock.com, 5: Steve Lovegrove – shutterstock.com, 3: igor.stevanovic – shutterstock.com, 6: PartsArtsPictures – shutterstock.com, 18: SK Design – shutterstock.com
S. 12/13	Meike Birck
S. 15	B Suponev Vladimir – shutterstock.com, D Karkas – shutterstock.com
S. 16	Westend61 – imago stock
S. 18	Rüdiger Wölk – imago stock
S. 19	1 Theo Scherling, 2 Schöning – imago stock, 3 Georgios Kollidas – Dreamstime.com, 4 Joachim Sielski – imago stock, 5 Westend61 – imago stock, 6 BMW: Evren Kalinbacak – shutterstock.com, Mercedes: defpicture – shutterstock.com
S. 20	oben re.: Georgios Kollidas – Dreamstime.com; 1 Gravicapa – shutterstock.com, 2 Moyseeva Irina – Fotolia.com, 3 Steffen Schellhorn – imago stock, 4 nikolae – shutterstock.com, 5 irin-k – shutterstock.com, 6 Bomshtein – shutterstock.com, 7 STILLFX – shutterstock.com, 8 Basov Mikhail – shutterstock.com
S. 22	Torsten Becker – imago stock
S. 24	1 TracyWhiteside – shutterstock.com, 2 Dieter Rogge, 3 Barbara Habermann, 4 TracyWhiteside – shutterstock.com, A Helen Schmitz, B Archiv Bild & Ton, C PhotoCreate – shutterstock.com, D SeanNel – shutterstock.com
S. 25/27	PhotoCreate – shutterstock.com
S. 28	Meike Birck
S. 32	Javier Fontanella – iStockphoto
S. 34/35	Karte: Polyglott
S. 34	Watt: Harlekin1979 – Fotolia.com, Fischmarkt: dpa / picture alliance, Stadtmarathon Berlin: Land Berlin/Thie, Kölner Dom: Gerd Schmitz
S. 35	Stollenfest: dpa / picture alliance, Allianz Arena: pixelio, Zytgloggeturm: Schlierner – Fotolia.com, Gebirgslandschaft: SARMAT – Fotolia.com, Salzburg: canadastock – shutterstock.com, Fiaker: Martin – Fotolia.com
S. 37	oben: A, B, C imagebroker – imago stock, D Herb Hardt – imago stock, E CHROMORANGE – imago stock; Mitte und unten: alle Fotos: Dieter Mayr
S. 39	Meike Birck
S. 40	A destina – Fotolia.com, Kaffeetasse: Norbert Schmidt – imago stock, B Meike Birck, C emil umdorf – imago stock; unten re.: Dieter Mayr
S. 42	Dieter Mayr
S. 44	oben 1. von li.: bacalao – Fotolia.com, oben 2. von li.: Jörg Lantelmé Fotodesign, oben 3. von li.: Version Berlin, oben 4. von li.: Jacek Chabraszewski – shutterstock.com; 1–6 Langenscheidt Archiv
S. 46	A, B Meike Birck, C auremar – shutterstock.com, D wolfmaster 13 – shutterstock.com; unten re.: Meike Birck
S. 49	Annalisa Scarpa in Diewald
S. 50	DWP – Fotolia.com
S. 51	Klavier Icon: andromina – shutterstock.com; alle Fotos: Meike Birck
S. 52	Claudia Dewald – iStockphoto
S. 54/55	alle Fotos: Meike Birck
S. 56	Kenan: imagebroker – imago stock, Francesca: All Canada Photos – imago stock, Schlitten: Westend61 – imago stock, Fahrrad: Mediagram – shutterstock.com, Pferd: imagebroker – imago stock, Auto: alma_sacra – Fotolia.com, Bus: Sven Ellger – imago stock, U-Bahn und Zug: Rüdiger Wölk – imago stock, Schiff: Christian Ode – imago stock
S. 58	Meike Birck

Zu diesem Buch gibt es Audios, die mit der Klett-Augmented-App geladen und abgespielt werden können.

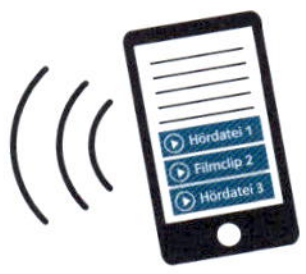

Klett-Augmented-App kostenlos downloaden und öffnen | Bilderkennung starten und **Seiten mit Audios** scannen | Audios laden, direkt nutzen oder speichern

Scannen Sie diese Seite für weitere Komponenten zu diesem Titel.